项目支持：河北省板栗产业协同创新中心（2022-32）

板栗产业发展报告

邱凤霞　著

燕山大学出版社
·秦皇岛·

图书在版编目（CIP）数据

板栗产业发展报告 / 邱凤霞著. —秦皇岛：燕山大学出版社，2023.9
ISBN 978-7-5761-0438-7

I . ①板… II . ①邱… III . ①板栗－果树林－产业发展－研究报告－中国 IV.①F326.13

中国版本图书馆 CIP 数据核字（2022）第 256754 号

板栗产业发展报告
BANLI CHANYE FAZHAN BAOGAO
邱凤霞 著

出 版 人：陈 玉	
责任编辑：刘馨泽	策划编辑：刘馨泽
责任印制：吴 波	封面设计：刘馨泽
出版发行：燕山大学出版社 YANSHAN UNIVERSITY PRESS	电 话：0335-8387555
地 址：河北省秦皇岛市河北大街西段 438 号	邮政编码：066004
印 刷：涿州市般润文化传播有限公司	经 销：全国新华书店

开 本：710 mm×1000 mm 1/16	印 张：15.25
版 次：2023 年 9 月第 1 版	印 次：2023 年 9 月第 1 次印刷
书 号：ISBN 978-7-5761-0438-7	字 数：230 千字
定 价：55.00 元	

目　　录

第1章 全球板栗产业发展状况分析

板栗素有"干果之王""木本粮食""铁杆庄稼"之称，因其具有丰富的营养价值和一定的保健功效，深受国内外消费者青睐。板栗原产于中国，是中国历史上最古老的栽培果树之一。目前，全球种植的板栗以中国栗、欧洲栗、美洲栗以及日本栗为主。

1.1 板栗种植区域分布

如表1-1所示，2021年全球范围内种植板栗的国家有24个，分别集中在亚洲、欧洲、南美洲和非洲。如图1-1所示，2021年国家间板栗的收获面积差别较大。位于亚洲的中国，板栗收获面积最多，达到了295 661公顷，占全球板栗收获面积总量的52%。玻利维亚的板栗收获面积虽位列第二，但其对应数值仅为56 795公顷，仅占全球板栗收获面积总量的9%。葡萄牙的板栗收获面积位列第三，达到了50 370公顷，占全球板栗收获面积总量的8.9%。收获面积位列第四至第六位的分别是西班牙、意大利、韩国，对应值分别为38 230公顷、34 270公顷、31 977公顷，分别占全球收获总量的6.7%、6%、5.6%。排在第七位的日本和第八位的土耳其，板栗收获面积均不足2万公顷，分别为16 800公顷和13 613公顷，占比也仅有2.96%和2.4%。其余16个国家，包含希腊、法国、朝鲜、阿尔巴尼亚、波黑、智利、北马其顿、匈牙利、克罗地亚、阿塞拜疆、瑞士、喀麦隆、秘鲁、乌克兰、斯洛文尼亚、保加利亚，板栗收获面积均不足9 000公顷。其中，希腊的板栗收获面积为8 860公顷，保加利亚的板栗收获面积最少，仅有10公顷。16个国家的板栗收获面积总量仅为全球总量的5.4%，占中国板栗收获面积的10.3%。

表1-1   2021年全球板栗种植区域分布

区域	国家分布
亚洲	中国、阿塞拜疆、朝鲜、日本、韩国、土耳其
欧洲	阿尔巴尼亚、波黑、保加利亚、法国、希腊、匈牙利、意大利、北马其顿、葡萄牙、罗马尼亚、斯洛伐克、斯洛文尼亚、西班牙、乌克兰
南美洲	玻利维亚、智利、秘鲁
非洲	喀麦隆

资料来源：根据联合国粮农组织数据库整理所得。

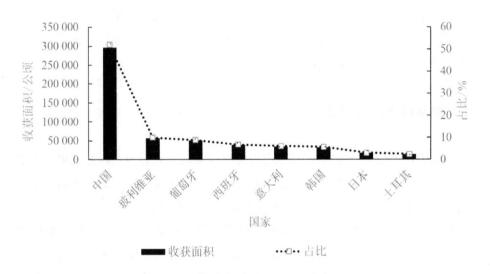

图1-1   2021年板栗收获面积超1万公顷国家分布

数据来源：联合国粮农组织统计数据库（带壳板栗）。

1.2 板栗产量时序分布

如图1-2所示，2011—2019年的全球板栗产量分布呈现增长态势。2011—2015年全球板栗产量均在200万至210万吨之间波动分布。2016—2019年，产量明显增加，且呈现连续4年的持续增长，从2016年的226.76万吨，到2017年和2018年产量分别为229.78万吨和235.38万吨，2019年达到240.54万吨。2020年和2021年，全球板栗产量进入超300万吨时期，分别达到了396.68万吨、397.36万吨。

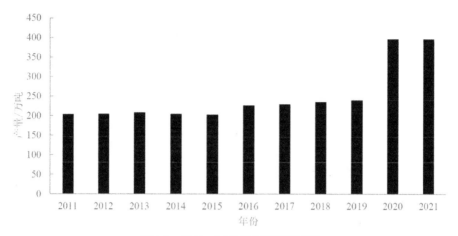

图1-2 2011—2019年全球板栗产量

数据来源：联合国粮农组织统计数据库（带壳板栗）。

1.3 板栗收获面积时序分布

如图1-3所示，2011—2021年，从全球板栗收获面积看，呈现稳中有增的态势。2011—2017年，板栗收获面积在51万公顷至54.4万公顷之间波动。其中，2013年达到54.4万公顷，而2017年达到研究期内最低值，为51.81万公顷。2018—2021年，板栗收获面积增长至超过55万公顷。其中，2020年达到研究期内最高值，为57.26万公顷。总体上，2011—2021年，板栗收获面积的最高值达到最低值的1.1倍，且2018年后增长明显。

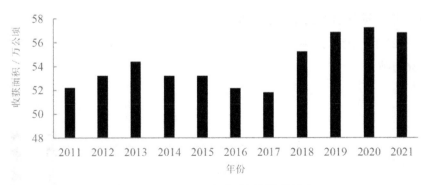

图1-3　2011—2021年全球板栗收获面积

数据来源：联合国粮农组织统计数据库（带壳板栗）。

1.4 板栗出口国家分布

　　如图1-4所示，2021年，全球板栗出口值超过100万美元的国家有14个，且出口国家高度集中。其中，意大利是第一大板栗出口国，出口值达到了7 910.26万美元，占全球板栗出口总值的比例达27.25%。中国为第二大板栗出口国，出口值也达到了7 220.88万美元，占全球板栗出口总值的比例达24.87%。西班牙以板栗出口值3 310.43万美元，占总体的比例为11.4%位列第三大出口国家位序。第四大出口国为葡萄牙，其出口值和占总体的比例分别为3 161.71万美元、10.89%。法国、希腊、韩国三国分别位列第五至第七出口大国位序，出口值分别为1 665.18万美元、1 559.05万美元、1 454.24万美元，占出口总值的比例分别为5.74%、5.37%、5.01%。智利的出口值则为627.24万美元，占比达2.16%，位列第八出口国。第九位出口国为日本，其出口值为348.89万美元，占比为1.2%。第十位出口国奥地利出口值占比为1.13%。第十一位至第第十四位国家分别为荷兰、德国、阿联酋、多米尼加，对应国家出口值占总体的比例均不足1%。

图1-4 2021年板栗主要出口值超过100万美元国家（地区）分布
数据来源：联合国粮农组织统计数据库（带壳板栗）。

2021年板栗出口国家（地区）集中程度非常高。64个出口国中，第一大出口国出口值占全球板栗出口总值的27.25%。前两大出口国板栗出口值之和占全球板栗出口总值的52.12%。板栗出口量排名前5的国家，出口值却占了全球板栗出口总值的80.14%。排名前7的国家的板栗出口值占了全球板栗出口总值的90.52%。

1.5 板栗进口国家（地区）分布

图1-5列示了2021年板栗进口值超过200万美元的国家（地区），2021年板栗进口国家（地区）进口值累积分布呈现"关键少数"规则。2021年，有24个国家（地区）板栗进口值超过200万美元，进口值之和占全球板栗进口总值的比例达83.2%。第一大进口国意大利，进口值达到7 185.62万美元，占全

球板栗进口总值的21.57%。第二、第三大进口国分别为日本、法国，板栗进口值分别为3 122.6万美元、3 014.86万美元，占比分别达到了9.37%、9.05%。德国、瑞士则分别位列第四、第五进口国位序，板栗进口值分别为2 765.99万美元、1 747.46万美元，占比对应分别为8.3%、5.25%。排名前5位国家（地区）的板栗进口值就占了全球板栗进口总值的53.54%。奥地利、中国、美国、西班牙四国板栗进口值均介于1 200万美元至1 700万美元之间，占比介于3.6%至5.1%之间。中国台湾是板栗第十进口地区，进口值为1 056.93万美元，占比达到了3.17%。泰国、加拿大、以色列三国的板栗进口值均在587万美元和886万美元之间，占比介于1.8%至2.7%之间。排名前13位国家（地区）的板栗进口值就占了全球板栗进口总值的80.37%。其后的英国、韩国的板栗进口值分别为570.1万美元、540.79万美元。越南、匈牙利、荷兰三国的板栗进口值分别为453.72万美元、444.18万美元、427.77万美元，而比利时、巴西、马来西亚、中国香港、沙特阿拉伯、约旦的板栗进口值均介于200万美元至300万美元之间。

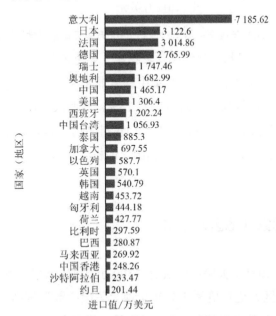

图1-5　2021年板栗进口值超过200万美元的国家（地区）分布

数据来源：联合国粮农组织统计数据库（带壳板栗）。

1.6 板栗生产者价格指数变化

商品的价格是影响其市场竞争力的重要因素之一。我国出口的板栗，主要是初级产品，其价格的高低一般会直接决定市场竞争力。价格越高，往往市场竞争力越弱。而商品的生产者价格指商品离开生产领域进入流通领域或直接进入消费领域时的价格，是商品流转过程中第一层次的价格，也是形成其他层次价格的基础。

如图1-6所示，1991年和1992年，我国板栗生产者价格指数处于低水平，分别为17.59、24.01。其后，1993—2007年，除1996年指数为42.11，其他年份均在27至40之间波动。2008—2010年，中国板栗生产者价格指数分别为44.83、33.64、42.48。2011—2022年，总体呈现快速上涨态势。从2011年的56.07，到2012年和2013年分别达到了67.28、64.69。2013年后开始持续上涨。2014年的指数接近80，2015年则上升至121.62。2017年和2018年又分别达到了150.1、185.25。2019年和2020年，突破200，分别达到了228.6、269.21。2021年突破300，达到了315.17。2022年又上涨至359.7。

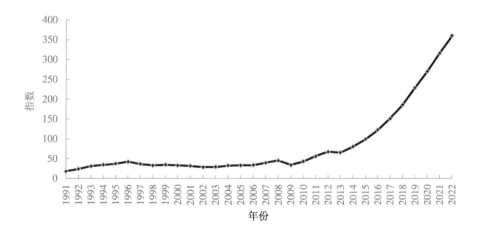

图1-6　1991—2022年中国板栗生产者价格指数走势

如图1-7所示，意大利的板栗生产者价格指数经历了多轮"升—降"变动，总体呈现指数增长态势。第一轮"升—降"出现在1991—2003年。1991

年生产者价格指数为34.3，1992年降至本轮最低值，为30.21。其后，从1993—1995年持续上涨，1995年达到第一轮最高值，为51.44。1996—2003年，指数呈现波动下降，各年对应值均低于50，2003年降至38.28。此后，2004年增加至46.75，2005年达到第二轮"升—降"波峰值，为64.66。之后，直至2013年，意大利的板栗生产者价格指数波动下降，在47至62之间波动。2008年处于较低值，为47.65。2014年后，指数变化进入超80阶段。2015达到此阶段最高值，为109.1。其间，2017年处于较低值，为81.17。从2017—2022年，指数持续增加，2018年和2019分别为84.33、96.66。2020—2022年，指数增加至超过102，但三年保持平稳态势。

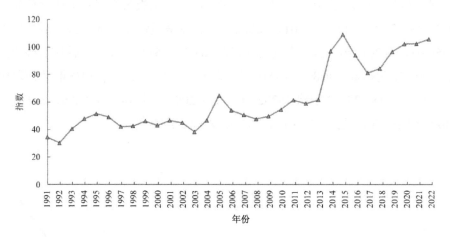

图 1-7 1991—2022年意大利板栗生产者价格指数走势

如图1-8所示，相比于中国和意大利，葡萄牙板栗生产者价格指数波动频繁，整体呈现增长态势。1991—2004年，总体指数在29至59之间波动。1998年为研究期内最低值，29.3。2002年则达到此阶段最高值，58.01。2005—2011年，指数在波动中上升，处于57至85之间。2012—2015年，指数在100上下波动，2014年达到116.88，2015年又降至81.11。2016年后，指数在超100的基础上继续波动。2018年达到研究期内最高值，153.19。2020年又降至102.46。2021年和2022年，又分别增长至134.04、144.78。

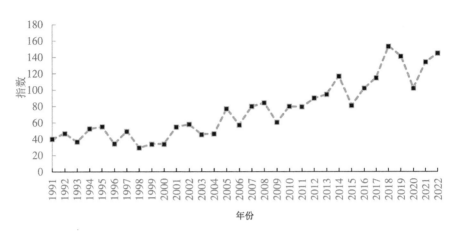

图1-8 葡萄牙板栗生产者价格指数走势

如图1-9所示，西班牙板栗生产者价格指数经历了三轮"升—降"后趋于平稳。第一轮波动"升—降"从1991—1999年。价格指数在1991年和1992分别为28.06、25.99，到1996年波动增加至98.16。其后，逐渐下降，到1999年降为52.33。2000—2005年，进入第二轮"升—降"。2004年达到124.08，为研究期内最高值。其后，下降—上升，到2012年达到119.07。此后，波动下降，到2015年达到91.51。至此，直到2022年，西班牙板栗生产者价格指数一直在90至100之间小幅波动。尤其是2020—2022年，指数均为95.25，平稳保持。

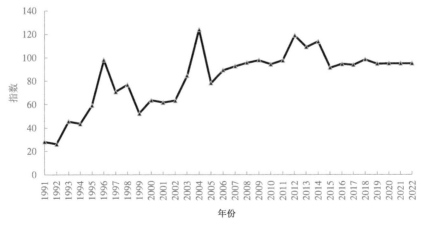

图1-9 西班牙板栗生产者价格指数走势

如图1-10所示，除去1991—1994年，韩国板栗生产者价格指数均低于46。1995—2007年，除去1999年、2001年、2004年和2005年指数偏低，其他时间均在80上下波动。2008年和2009年，指数从较高值的106.85，下降为64.78。其后，从2010—2022年，指数波动较为平稳，指数在94至120之间。

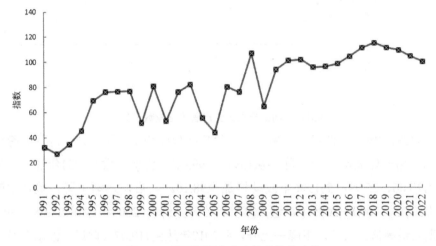

图1-10 韩国板栗生产者价格指数走势

通过中国、葡萄牙、韩国、意大利、西班牙五国之间板栗生产者价格指数的比较，可大致得出结论。如图1-11所示，1991—2011年，在五国中，中国的板栗生产者价格指数处于最低位次。2012年后，我国的板栗生产者价格指数持续较大幅度增加，而其他国家较低值波动，我国与其他国家的差距不断加大。

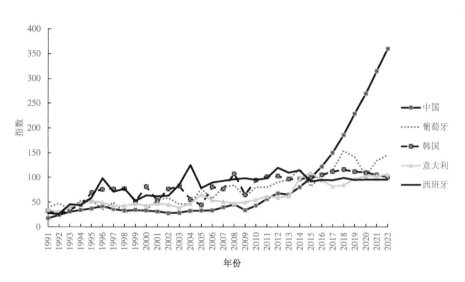

图1-11　主要出口国家板栗生产者价格指数对比

第2章 中国板栗产业现状分析

板栗原产于我国，是我国五大优势经济林树种之一。我国板栗产量一直位于全球之首，占比达90%以上。

如图2-1所示，2011—2021年，我国的板栗产量经历了3个阶段的变化，呈现平稳增长—下降—再平稳增长的变化态势。2011—2013年，我国板栗产量平稳增长，3年的板栗产量分别为169.4万吨、171.2万吨、172.2万吨，且2013年产量达到了研究期内最高值。但是，2014—2017年的4年，我国的板栗产量持续下降，2014年产量为166.9万吨，2016年下降至160万吨，2017年下降至研究期内最低值，仅有156.8万吨。2018—2021年，我国板栗产量开始了第二轮平稳增长，2018年和2019年的产量分别为168.5万吨、168.6万吨，2020年增长至169.4万吨，2021年则为170.4万吨。

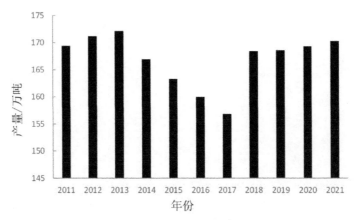

图2-1 2011—2021年中国板栗产量

数据来源：联合国粮农组织统计数据库（带壳板栗）。

2.1 中国板栗主产区分布

板栗在我国分布比较广，全国近20个省（自治区、直辖市）都产板栗。但板栗品质区别较大，价格差异也较大。按产区划分，我国生产板栗的产区共有49个，其中河北省有7个产区，湖北省有6个产区，北京市、安徽省、山东省分别有4个产区。具体产区分布如表2-1所示。

表2-1　中国板栗主产区分布

省（自治区、直辖市）	板栗主产区
河北省	迁西县、兴隆县、邢台市、宽城满族自治县、青龙满族自治县、遵化市、赞皇县
湖北省	京山市、麻城市、英山县、大悟县、秭归县、罗田县
北京市	密云区、怀柔区、房山区、昌平区
安徽省	金寨县、广德市、舒城县、岳西县、太湖县
山东省	泰安市、费县、郯城县、莒南县
广西壮族自治区	东兰县、平乐县、隆安县
福建省	长汀县、建阳区、建瓯市
河南省	信阳市
广东省	河源市、东源县
浙江省	建德市、庆元县
辽宁省	丹东市
陕西省	镇安县、柞水县、宁陕县
江西省	鹰潭市
四川省	德昌县
贵州省	望谟县
云南省	宜良县、禄劝彝族苗族自治县、富民县、易门县、永仁县

河北有两大板栗产业带，分别是燕山和太行山板栗产业带。燕山板栗产业带主要包括迁西县、遵化市、兴隆县、宽城满族自治县、青龙满族自治县县五大产区。太行山板栗产业带主要包括邢台市、赞皇县等。北京市也是燕山板栗的主产区之一。早在明朝时，皇帝在祭祀时就用怀柔板栗作供品，主产区为怀柔、密云等区。山东省板栗产量较大，板栗品质较好，主产区在泰安市、费县、郯城县等地。辽宁省辽宁板栗的主产区在丹东市，集中在宽甸

满族自治县、东港市、凤城市三地。丹东板栗属日本栗系统，更符合日本市场口味需求。陕西省板栗主要分布在秦岭地区，以商洛、长安板栗质量最好，主产区为镇安县、柞水县、宁陕县等地。河南省板栗主要产自信阳市，集中在商城县、新县等地。

湖北省也是我国主要的板栗产区，主要产区有京山市、麻城市、英山县、大悟县、秭归县、罗田县等。安徽省是我国传统板栗产区之一，集中在金寨县、舒城县、广德市、太湖县、岳西县等地。福建省北部山区的锥栗很有名，品质也相当不错，主要产区为建瓯市、建阳区、长汀县。四川省板栗较少，主要集中在凉山彝族自治州，其中德昌县为主要产区。贵州省板栗产量也较少，主要集中在望谟县一带。广西壮族自治区的板栗主产区在东兰县、隆安县、平乐县等地。云南省为全国板栗下树最早的地区，主要产区在宜良县、禄劝彝族苗族自治县、富民县、易门县、永仁县等地。

2.2 中国板栗进出口数量变迁

如图2-2所示，我国板栗贸易体现出产业内贸易格局，既有出口，也有进口。但从数量视角，出口大于进口。1992—2021年，板栗进口呈现波动增长—大幅增长—波动下降的态势。1992年，进口数量最低，仅为57.5吨，1993年增长至1992年的近3倍，达到了170.6吨。1994年后则增长至1 271.2吨，此后经历了1995年的下降，1996年和1997年又回升至每年1 000吨之上，分别为1 526吨和1 187.5吨。1998年进口量大幅下滑至745.3吨。此后至2005年，经历了8年的持续增长期，进口量在2000年为2 248.9吨，2002年则达到了5 786.5吨，2005年达到了研究期内最高值，为13 890.6吨。此后，板栗进口量波动下滑，2006—2010年，5年间进口量保持在10 000吨至14 000吨之间。2011—2014年，进口量在10 000吨上下波动，其中2011年为9 267.1吨，2013年则达到了11 842.1吨，2014年为9 937.7吨。2015—2019年，进口量从2015年的6 765.9吨，下降至2016年的5 217.9吨，此后到2017年，又增长至9 291.2吨，2018年和2019年，分别下降至7 869.2吨、6 694.9吨。2020年和2021年，下降幅度进一步增强，分别为3 537.4吨、5 992.7吨。

　　与板栗进口相比，板栗出口波动幅度更大。1992—2005年，除去1992年出口不足3万吨，为2.9万吨，其余年份均超过了3万吨。其中，1993年为3.8万吨，2001年是此阶段的最低值，也达到了3.1万吨。2004年和2005年分别为3.99万吨、3.89万吨。2006—2009年，出口量保持在4万吨之上，其中，2006年为4.66万吨，2008年和2009年分别为4.14万吨、4.67万吨。2010—2016年，出口量保持在4万吨之下波动，2016年下降至研究期内的最低值，为2.55万吨。此后，又经历了一轮"升—降"变动，到2019年增长至3.98万吨，2020年和2021年又分别降至3.89万吨、3.47万吨。

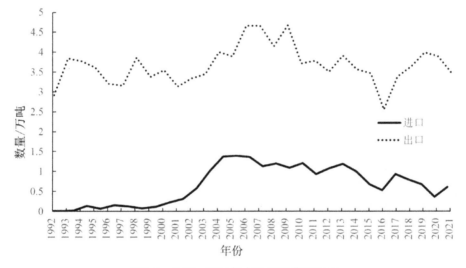

图2-2　1992—2021年中国板栗进/出口量

　　如图2-3所示，从我国板栗出口与进口的差值看，呈现出减少态势。差距在1993—1995年和1998—2000年分布较大，2002年后差距有减小态势。2016年，差距最小值为2.03万吨，此后又经历了差距增大—减小的波动，2020年差距拉大至3.54万吨，而2021年减少至2.87万吨。

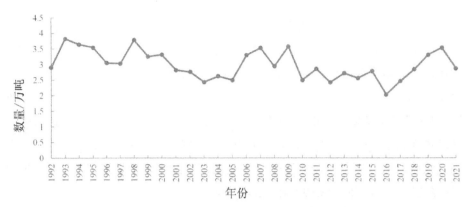

图2-3　1992—2021年中国板栗出口与进口量差距

2.3 中国板栗主产省（自治区、直辖市）产量分布

　　我国板栗各主产区，板栗产量不尽相同。如图2-4所示，2021年我国板栗产量大于10万吨的产地有8个省（自治区），分别是河北省、湖北省、山东省、辽宁省、云南省、河南省、广西壮族自治区、湖南省。8个产地板栗产量之和为169.48万吨，占全国板栗总产量的74.39%。其中，河北省、湖北省、山东省三地的板栗产量均超过25万吨，产量之和达到全国板栗总产量的45%。河北省板栗产量最高，为40.88万吨，占全国板栗总产量的17.94%。湖北省产量位居第二，为35.92万吨，占全国板栗总量的15.77%。山东省板栗产量位居第三，产量和占比分别为25.7万吨和11.28%。辽宁省和云南省板栗产量分别位居第四、第五位，产量分别为18.07万吨和16.62万吨，占全国总产量的比重分别为7.93%和7.29%。河南省、广西壮族自治区、湖南省三地的板栗产量则分别为11.13万吨、10.75万吨、10.41万吨，相应占比分别为4.89%、4.72%、4.57%。

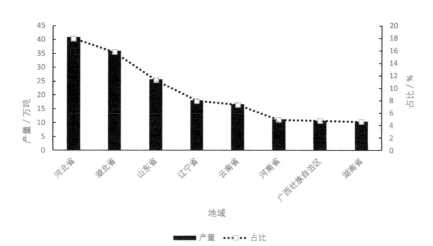

图2-4　2021年中国板栗产量大于10万吨省（区）分布

数据来源：中国林业和草原统计年鉴2021。

如图2-5所示，我国板栗产量5万吨至10万吨（不含）产地分布中，包含7个省份，分别是陕西省、安徽省、贵州省、四川省、浙江省、广东省、福建省。7个省份的板栗产量之和为49.63万吨，占全国板栗总产量的21.79%。陕西省和安徽省的板栗产量接近，分别为9.2万吨和9.1万吨，占比分别达4.04%和3.99%。贵州省和四川省的板栗产量分别为8.76万吨、6.21万吨，占比则分别为3.85%、2.73%。浙江省、广东省、福建省三省的板栗产量分别为5.61万吨、5.56万吨、5.19万吨，占比均介于2.2%至2.5%之间。

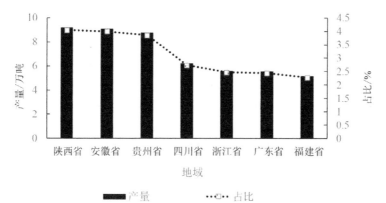

图2-5　2021年中国板栗产量5万吨至10万吨（不含）省分布

数据来源：中国林业和草原统计年鉴2021。

如图2-6所示，2021年我国板栗产量3万吨以下产地有8个省（直辖市），分别为北京市、江西省、重庆市、江苏省、山西省、天津市、甘肃省、吉林省。其板栗产量之和、占全国总产量的比例分别为8.67万吨、3.82%。其中，北京市、江西省、重庆市三地的板栗产量分别为2.69万吨、2.17万吨、2.01万吨，占比分别为1.18%、0.95%和0.88%。江苏省的板栗产量为1.14万吨。山西省、天津市的板栗产量分别为0.31万吨、0.19万吨，占比分别为0.14%和0.09%。甘肃省、吉林省的板栗产量分别为0.09万吨、0.07万吨，占比也仅有0.04%、0.03%。

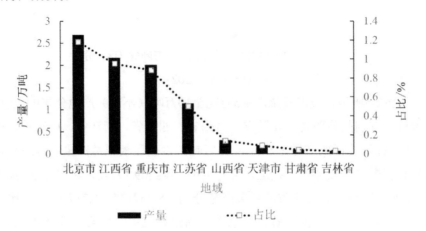

图2-6　2021年中国板栗产量3万吨以下省（市）分布

数据来源：中国林业和草原统计年鉴2021。

2.4 板栗主产省（自治区、直辖市）产量位序变化

如图2-7所示，2011—2013年，我国前五位板栗主产省（自治区）位序变动较大。第一位次从2011年的河南省，到2012年被山东省取代。2013—2020年，湖北省一直稳居板栗第一大主产省位次。2021年，河北省又取代湖北省，成为板栗第一大主产省。第二至第六位板栗主产省份呈现交替变化，且变化集中在2011—2016年。2011年山东省为板栗第二大主产省，但2012年被河南省取代。2013—2014年，山东省又成为板栗第二大主产省。2015—2020

年，河北省成为板栗第二大主产省。而2021年，辽宁省取代河北省，成为第二大板栗主产省。第三大板栗主产省2011年为辽宁省，2012—2014年被河北省取代，2015年又被山东省取代。2016—2020年，连续5年，辽宁省稳居板栗第三大主产省位置。2021年，湖北省取代辽宁省，成为板栗第三大主产省。2011—2015年，板栗第四大主产省依次为河北省、辽宁省、河南省、湖北省。2016—2021年，山东省连续6年稳居板栗第四大主产省位置。相对而言，第五大主产省的交替更迭较少。2011—2012年为湖北省，2013—2014年为辽宁省。其后，2015—2021年，河南省连续7年为板栗第五大主产省。

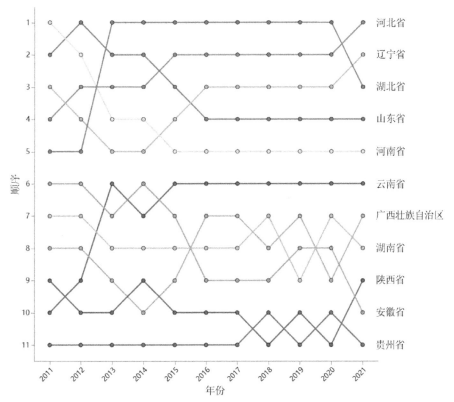

图2-7 2011—2021年中国主要板栗主产省（区）产量时序变化

数据来源：根据历年中国林业和草原统计年鉴整理绘制。

2011—2021年，第六至第十一板栗主产省（区）中，稳定与交替共存。2011—2014年，第六位主产省主要为安徽省、云南省。而2015—2021年的7年中，云南省稳居板栗第六大主产省位次。相对而言，第七至第十一位序变动较大，主要在广西壮族自治区、湖南省、陕西省、安徽省、贵州省之间交替变化。

从位序变化看，可将11个板栗主产省（自治区）划分为三类。河北省、云南省、辽宁省、湖北省属于上升型，位序从低到高变化。下降型，即位序从高到低，包含山东省、河南省、安徽省。波动型，包含广西壮族自治区、湖南省、贵州省，基本在第八到十位之间波动。

2.5 板栗主产省（自治区、直辖市）产量时序分布

2.5.1 河北省板栗产量时序分布

如图2-9所示，2011—2021年河北省板栗产量变化可分为三个阶段。第一阶段，2011—2014年，板栗年产量在20万吨至30万吨之间波动变化。其中，2011年为研究期内最低值，产量为20.62万吨。2013年达到第一阶段的最高产量，为28.46万吨。第二阶段，2015—2020年。此阶段，板栗年产量突破30万吨，在30万吨至40万吨之间波动。此阶段，2017年达到第二阶段最高产量，为38.13万吨。2019年为第二阶段最低产量时期，比2017年低5.48万吨。2021年开始进入第三阶段，河北省的板栗年产量突破40万吨，达到了40.88万吨。

在不同阶段，河北省的板栗产量占全国总产量的比重也呈现波动，但总体呈增长态势。第一阶段，占全国总产量的比重在10%至14%之间波动。2011年，河北省的板栗产量和占全国总产量的比重均为研究期内最低值，占比为10.87%。第二、第三阶段，除2019年，河北省的板栗产量占全国总产量的比重为14.85%，其他年份占全国总产量的比重均在15%至18%之间波动。其中，2021年河北省板栗产量占全国总产量的比重达到最高值，为17.94%。

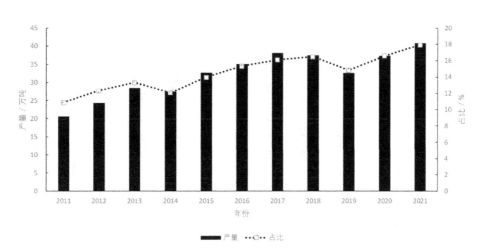

图2-8　2011—2021年河北省板栗产量分布

数据来源：历年《中国林业和草原统计年鉴》。

2.5.2 湖北省板栗产量时序分布

如图2-9所示，湖北省的板栗产量在2012年处于研究期内最低值，为17.23万吨。2013年，产量迅速增长至41.1万吨，此后，一直到2018年，连续6年均保持在40万吨以上。其中，2017年达到研究期内最高值，为43.48万吨。2019年、2020年和2021年，产量虽有所下降，但也将近40万吨，分别为39.03万吨、38.08万吨、35.92万吨。总体上，湖北省的板栗产量也经历了三阶段变化。其中，第一阶段为2011—2012年，板栗产量均在20万吨上下。第二阶段为2013—2018年，板栗产量在40万吨至44万吨之间波动变化。2019—2021年为第三阶段，板栗产量降至35万吨至40万吨之间。

第一阶段，湖北省的板栗产量占全国总产量的比重较低，在10%上下波动。其中，2012年占比最低，为8.7%。第二和第三阶段，湖北省的板栗产量占全国总产量的比重超过15%，在15%至20%之间波动变化。其中，2013年，湖北省的板栗产量占全国总产量的比重达到研究期内最高值，为19.27%。2021年，板栗产量降至35.92万吨，占比为15.77%。

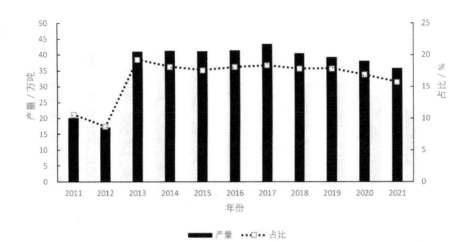

图2-9 2011—2021年湖北省板栗产量分布

数据来源：历年《中国林业和草原统计年鉴》。

罗田县是湖北省板栗主产县。罗田县地处湖北省大别山南麓，县内多山，属北亚热带季风气候，是中国南方板栗主产区的中心，素有"板栗之乡"的美誉。罗田县总面积320万亩，其中林地220万亩（68.7%），是典型的"八山一水一田"的山区县，也是林业大县。罗田县的板栗种植面积不断扩大，截止到2021年，罗田县的板栗种植面积达到101.5万亩，板栗种植覆盖了全县90%以上的村湾，栗农达30.51万人。板栗产业年产值10.5亿元，占全县农业总产值的25%和该县GNP的9.3%，板栗使罗田县的约14万人口受益。

如图2-10所示，1985—2019年，罗田县的板栗种植面积持续增加。从1985年的20万亩，到1990年增长至32万亩。其后，1995年又达到了42万亩。2000年，种植面积进一步增加，为1985年的2.85倍。2005年和2010年种植面积分别为82万亩和85万亩。2015年则增长至90万亩。2019年后，种植面积保持在101.5万亩。板栗产量则经历了增长—下降—再增长的波动过程，其中，1985年产量最低，为3 220吨。其后至2015年持续增加，1990年达到了4 075吨，1995年超过1万吨，达到了11 665吨。2000年和2005年均超过了2万吨。2010年则跃升至40 018吨，2015年又增加至45 827吨。2019年和2020年，产量有所下降，分别为35 000吨、38 500吨，但依然高于2005年之前的年产量水平。2021年，罗田县的板栗种植面积基本稳定，而产量则增长至5万吨。

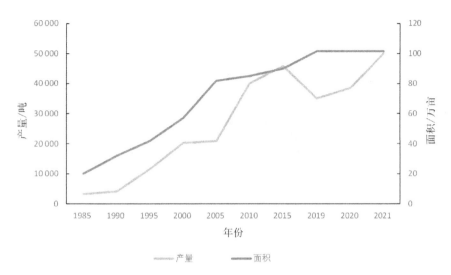

图2-10　罗田县板栗种植面积及产量

资料来源：黄冈统计年鉴。

2.5.3 山东省板栗产量时序分布

山东省板栗栽培历史悠久，板栗品种众多，资源丰富，栽培面积大，分布极其广泛。山东省板栗遗传种质资源十分丰富，品质优良，是人们日常消费的高档干果果品，同时也是地方经济出口创汇的传统产品，被视为山珍和无公害森林食品，近几年已成为地方经济的主要收入来源之一。

如图2-11所示，山东省的板栗产量呈现低—高—低的发展态势，总体变化幅度较小，产量分布集中在25万至32万吨之间。2011年为27.95万吨，2012增长至28.77万吨。2013达到研究期内最高水平，为31.48万吨。2013—2016年，连续4年，产量虽波动分布，但一直保持在每年30万吨之上。其中，2015年为31.33万吨。2016年比前一年有所下降，但也达到了30.29万吨。2017—2020年，产量下降至每年28万吨以下，围绕每年26万吨上下波动。其中，2017年为27.12万吨，2018年达到了26.74万吨。2019年、2020年和2021年，继续微弱下降，分别为25.64万吨、25.66万吨、25.7万吨。

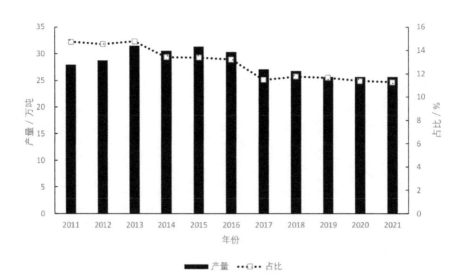

图2-11　2011—2021年山东省板栗产量分布

数据来源：历年《中国林业和草原统计年鉴》。

总体上，山东省的板栗产量占全国总产量的比重呈下降态势，但波动幅度较小。2011—2013年，比重分别为14.74%、14.53%、14.76%。2014—2016年，比重从13.42%缓慢降至13.23%。2017—2021年，山东省的板栗产量占全国总产量的比重在11.2%至11.8%之间波动。2020年和2021年分别达到11.39%和11.28%。

如图2-12所示，2021年，山东省有6个板栗产区的产量超1万吨，分别是临沂市、泰安市、潍坊市、济南市、日照市、济宁市。六市板栗产量之和占山东省板栗总产量的90.1%。另外，六市板栗产量差异明显。其中，临沂市板栗产量达到了9.51万吨，占山东省全省板栗产量总和的37.02%，占全国板栗总产量的4.18%。泰安市板栗产量全省位列第二，达到了4.19万吨，占山东省全省总和的16.29%，占全国板栗总产量的1.84%。潍坊市、济南市的板栗产量分别为3.66万吨、2.79万吨，占比分别为14.24%、10.87%。日照市、济宁市的板栗产量分别为1.98万吨、1.03万吨，占比分别为7.67%、4.01%。

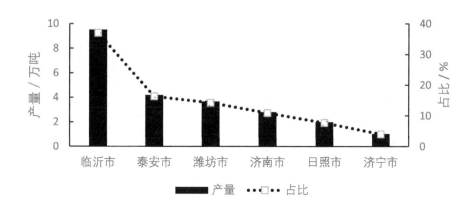

图2-12　2021年山东省各市板栗产量分布

数据来源：历年《中国林业和草原统计年鉴》。

2.5.4 辽宁省板栗产量时序分布

　　辽宁省的板栗产量经历了两轮"降—升"的循环。如图2-13所示，2011—2013年，板栗产量从2011年的11.83万吨，到2012年降至11.76万吨，2013年继续下降至10.3万吨。2014—2016年，板栗产量呈现上升态势。2014年达到12.62万吨，2015年和2016年分别增长至13.83万吨、15.75万吨。2017—2019年，辽宁省的板栗产量进入第二轮下降阶段，板栗年产量在14.4万吨至14.5万吨之间，波动较小。2020—2021年，辽宁省的板栗产量又重新进入增长阶段，2020年达到了17.19万吨，2021年又增长至18.07万吨。

　　与产量变动一致，辽宁省的板栗产量占全国总产量的比重也经历了同样的变动态势。2013年比重最低，为4.8%。2013—2016年，是比重持续增长的4年，到2016年达到6.9%。2017年则再次下降，为6.1%。此后，直至2021年，比重值持续增加，到2021年比重达到研究期内最高值，为7.9%。

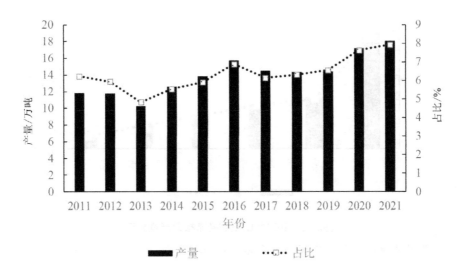

图2-13 2011—2021年辽宁省板栗产量分布

数据来源：历年《中国林业和草原统计年鉴》。

丹东市为辽宁省板栗主产区。如图2-14所示，丹东市的板栗产量以2016年为分界线。2013年之前，丹东市的板栗年产量在6万吨至10万吨之间波动。其间，2013年板栗产量最低，为6.8万吨。2014年和2015年的板栗产量均为10万吨。2016年的产量最高，为13万吨。其后，板栗产量呈现较平稳发展态势，2017—2020年，年产量保持在11.2万吨至11.8万吨之间。2021年则上升至12.2万吨。丹东市的板栗产量占辽宁省板栗总产量的比重始终高于60%。2013年达到研究期内最低值，为66%。2016年，丹东市的板栗产量和板栗产量占辽宁省板栗总产量的比重均达到最高，其中板栗产量占辽宁省板栗总产量的比重达到了82.6%。2017—2019年，比重均在80%上下。2020年和2021年，随着辽宁省板栗产量上升幅度大于丹东市板栗产量上升幅度，比重分别下降至68.7%和67.5%。

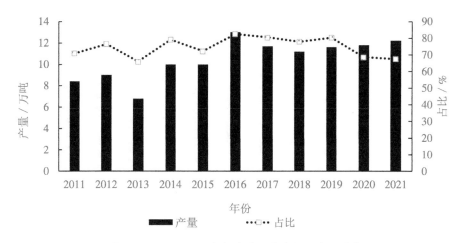

图2-14　2011—2021年辽宁省丹东市板栗产量分布

数据来源：历年《中国林业和草原统计年鉴》。

2.5.5 云南省板栗产量时序分布

云南省的板栗产量可分为两个阶段，即增长阶段和稳定保持阶段。如图2-15所示，2011—2015年，云南省的板栗产量处于增长阶段。2011年，为产量和占比双低时期，其中产量为5.31万吨，占比仅为2.8%。2012年产量增长至7.08万吨，占比上升为3.58%。2013年，产量大幅增加至12.88万吨，占比则达到了6.04%。2014年和2015年，产量增长态势继续保持，年产量分别达到了16.11万吨、20.04万吨，占比则分别达到7.07%、8.56%。2015年，云南省的板栗产量、占全国总产量的比重均达到研究期内最高值。2016—2021年，云南省的板栗产量进入平稳保持阶段，年产量介于14万吨至16.7万吨之间，占比在7%上下波动。

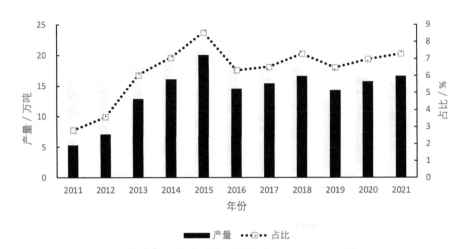

图2-15　2011—2021年云南省板栗产量分布

数据来源：历年《中国林业和草原统计年鉴》。

2.5.6 安徽省板栗产量时序分布

安徽省的板栗产量分布可分为两个阶段。如图2-16所示，2011—2014年为第一阶段，板栗年产量居于11万吨至20万吨之间，占全国总产量的比重则在5.8%至9%之间。其中，2014年安徽省的板栗产量、板栗产量占全国总产

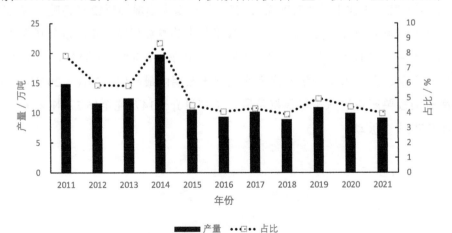

图2-16　2011—2021年安徽省板栗产量分布

数据来源：历年《中国林业和草原统计年鉴》。

量的比重均达到研究期内最高值，分别为19.78万吨、8.68%。2015—2021年为第二阶段，安徽省的板栗年产量在8.8万吨至11万吨之间波动，占比均不足5%。其间，2018年，安徽省的板栗产量及板栗产量占全国总产量的比重均为研究期最低值，分别为8.89万吨、3.91%。

2.5.7 河南省板栗产量时序分布

如图2-17所示，2011年河南省的板栗产量、板栗产量占全国总产量的比重均为研究期内的最高值。其中，板栗产量为25.01万吨，占比达到 13.19%。2012—2014年，板栗年产量均在12万吨至14万吨之间。其间，河南省的板栗产量占全国总产量的比重呈现下降态势，从2012年的6.88%，到2013年下降至5.74%，2014年继续降至5.56%。2015—2017年，河南省的板栗年产量在12万吨上下波动，占比在5%上下波动。2018—2020年，河南省的板栗产量有所下降，三年产量分别为10.68万吨、10.57万吨、10.82万吨，占比则分别为4.7%、4.81% 、4.8%。2021年，板栗产量有所增加，达到了11.13万吨，占比为4.89%。

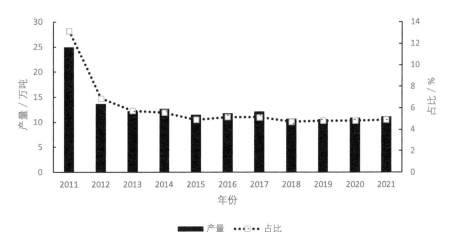

图2-17　2011—2021年河南省板栗产量分布

数据来源：历年《中国林业和草原统计年鉴》。

2.5.8 广西壮族自治区板栗产量时序分布

如图2-18所示，2011—2013年广西壮族自治区的板栗产量经历了小幅增长，从2011年的7.31万吨，到2012年增长至8.19万吨，2013年达到9.16万吨。而同期，广西壮族自治区的板栗产量占全国总产量的比重从2011年的3.85%，到2012年和2013年分别为4.13%、4.3%。2014年，广西壮族自治区的板栗产量、占比达到双低，分别为7.37万吨、3.23%。2015—2021年，广西壮族自治区的板栗年产量总体处于平稳阶段。除2020年板栗产量低于10万吨，仅有9.71万吨，其他时间均在10万吨至11万吨之间波动。2018年，广西壮族自治区的板栗产量达到研究期内的最高值，为10.98万吨。2019年，板栗产量占全国总产量的比重则达到了研究期内的最高值，为4.99%。2021年，广西壮族自治区的板栗产量及占全国总产量的比重分别为10.75万吨、4.72%。

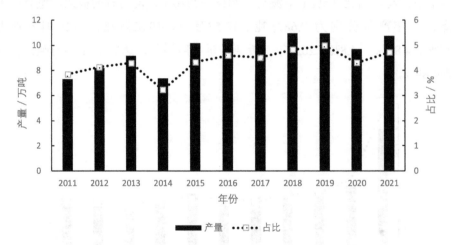

图2-18 2011—2021年广西壮族自治区板栗产量分布

数据来源：历年《中国林业和草原统计年鉴》。

2.5.9 湖南省板栗产量时序分布

总体上，湖南省的板栗产量波动较小。如图2-19所示，2011—2013年，板栗年产量在9万吨上下波动。2011年板栗产量最低，为8.78万吨。2012年、2013年的产量分别为9.68万吨、9.91万吨。2014年后，除去2016年板栗产量为

9.88万吨，其他时间均在10万吨至11.3万吨之间波动。2018年，湖南省的板栗产量、板栗产量占全国总产量的比重均达到研究期内最高值，分别为11.29万吨、4.97%。2021年，湖南省的板栗产量达到了10.41万吨，占全国板栗总产量的4.57%。

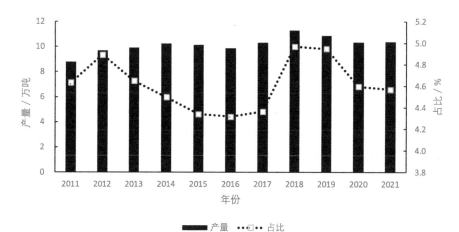

图2-19　2011—2021年湖南省板栗产量分布

数据来源：历年《中国林业和草原统计年鉴》。

第3章 中国板栗加工情况分析

农产品加工业已经成为我国国民经济与社会发展的基础性、战略性、支柱性产业。2020年，我国农产品加工业营业收入超过23.2万亿元，同比上年增加1.2万亿元。科技对农产品加工产业发展的贡献率达到63%。然而，目前我国农产品加工及深加工与发达国家相比，仍存在很大差距。数据显示，发达国家的农产品加工业产值是农业产值的3倍以上，而我国还不到80%。另外，我国当前农产品加工率约为67.5%，但深加工不足。农产品技工技术，尤其是深加工技术，普遍落后于发达国家10～20年。板栗加工业同样存在上述问题。

3.1 中国板栗（仁）加工企业分析

小包装栗仁是板栗加工品中非常普遍的类型。此种形式加工品历史悠久，广受消费者喜爱。

3.1.1 总体分布

与板栗的种植集中分布区域有所不同，板栗（仁）的加工区域呈现极大的集中性。如图3-1所示，在全国92个生产厂家中，河北拥有的板栗（仁）企业数量超过一半，为52家。其次，山东省拥有的板栗（仁）加工企业数量为12家，安徽省为7家，北京市、辽宁省、天津市各有3家。其余的福建省、广西壮族自治区、湖北省、江苏省、陕西省各有2家，贵州省、河南省各有1家企业。

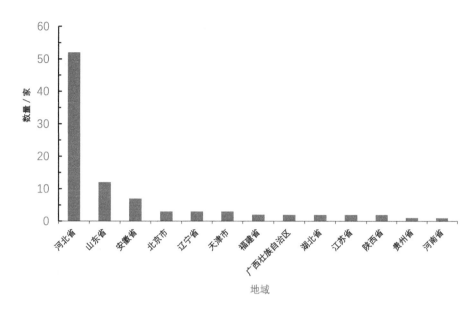

图3-1　中国板栗仁加工企业地域分布

3.1.2 企业成立时间分布

　　如图3-2所示，从我国板栗加工企业的成立时间分布看，2000年之前，数量并不多。1992—1999年，成立企业总量为10家。1997年、1999年，每年成立3家。2000—2005年，成立企业数量进入快速增长时期：6年的时间，每年

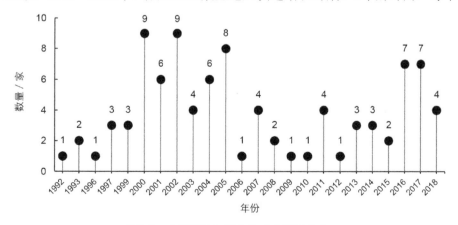

图3-2　中国板栗加工企业成立时间分布

都有企业成立，且数量较多。其间，成立的企业总量达到了42家，即总体中45.65%的企业在此期间成立。其中，2000年、2002年分别有9家成立，2005年也达到了8家。2006—2015年，进入平稳增长阶段，每年都有板栗加工企业成立。2016—2018年，板栗加工企业数量又开始小幅度增加，2016年和2017年，每年新增企业数量均为7家，2018年为4家。

3.1.3 各省份企业成立时间序列颁布

近年来，随着我国工业发展水平的提升，板栗加工业也呈现出较快的发展态势。各个板栗种植主产区，纷纷有加工企业创立，以期通过加工业增加板栗的附加值。从1992年至今，不同区域的板栗加工企业创建情况有所不同，但呈现出较强的地域集中趋势。

总体上，河北省板栗加工企业的创立呈现出较强的持续性。如图3-3所示，1992—2018年的17年间，除了5个年份，其余12年中每年都有企业创立。其中，1999—2005年，创立企业呈现出时间的连续性和数量较高两个特征。1999年新增1家，2000年、2002年和2005年均新增6家，2001年和2003年及2004年则分别新增了4家、3家和5家。其后，2013—2018年，河北省板栗制造业以每年新增2家企业的速度发展。

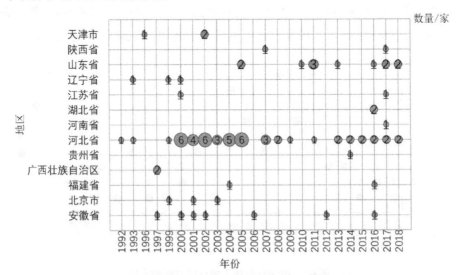

图3-3　中国板栗加工企业所在地域-成立时间分布演化图

总量位列第二的山东省，其板栗加工企业发展呈现出后劲足的特征。2009年之前，相关企业只有在2005年创立的2家。2010—2018年，先后创立的企业数量就达到了10家。其中，2011年创立了3家，2017年和2018年均创立了2家，其余的2010年、2013年和2016年均创立了1家。

3.1.4 企业实缴资本构成

如图3-4所示，我国板栗加工企业的实缴资本构成中，100万元（含）至500万元和1 000万元（含）至2 000万元的各有15家企业，500万元（含）至1 000万元的有14家企业，2 000万元（含）至5 000万元的有12家企业。实缴资本位于两端的，即金额较少和金额较多的企业数量相同，都是4家。

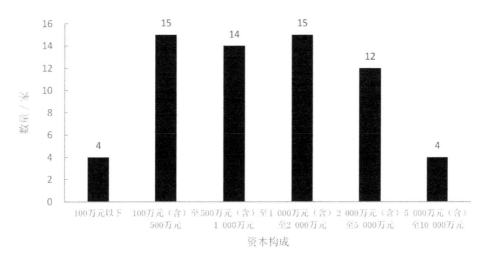

图3-4 中国板栗加工企业实缴资本构成

3.1.5 河北省加工企业分布

河北省板栗加工企业中，以唐山市为主，数量占河北省相关企业总量的76%。其次，秦皇岛市、承德市、邢台市也有少量的板栗加工企业分布，但数量不多。而唐山市的板栗加工企业，又大多数集中在遵化市。

3.1.6 主要品牌构成及企业分析

如图3-5所示，在我国众多的小包装栗仁销售品牌中，百草味、三只松鼠、良品铺子、粒上皇累计评价数居于前位。来自迁西县的品牌紫玉，其小包装栗仁累计评价数仅为百草味的4.3%；迁西县的另一个品牌尚禾谷的累计评价数为百草味的0.4%。百草味成立于2003年，企业总部位于杭州市，其主营业务为主流全品类休闲食品，该品牌小包装栗仁原料的产地为燕山地带。百草味品牌的销售采用线下、线上相结合的方式，2003年就有了第一家百草味线下店铺；2010年正式入驻淘宝商城；2017年8月，百草味设立百草味食品研究院。目前，百草味在全国建立了17个自动化仓储物流基地。粒上皇成立时间相对较晚，为2014年。主营业务为休闲食品，主营产品包括板栗、干果、凉果等120余种产品。粒上皇也采用线上、线下相结合的多渠道销售模式。良品铺子成立于2006年，企业总部位于武汉市，主营业务包括休闲食品研发、加工分装、零售服务。这些品牌的小包装栗仁原料均来自燕山。

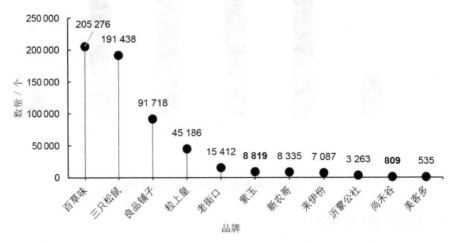

图3-5　中国主要品牌小包装板栗仁累计评价数（粗体数字为迁西品牌数值）
注：数据来源于品牌淘宝旗舰店，截止时间为2021年10月28日。

3.1.7 小包装板栗代工网络图

我国的一些有实力的网络及实体销售店铺，通过代工生产，拓展栗仁销

售产品线的宽度。从代工生产网络图（图3-6）中，可知百草味的代工企业有
3家，分别是泰安市栗欣源工贸有限公司、唐山市金泰旺食品有限公司、唐山
市美客多食品股份有限公司。凤凰人家是唐山市凤凰人家食品有限公司的品
牌，其代工企业是迁西县金地甘栗食品有限公司。良品铺子的代工企业为北
京富亿农板栗有限公司。承德神栗食品股份有限公司为南食召代工生产。唐
山市美客多食品股份有限公司为洽洽代工。三只松鼠的代工企业为北京富亿
农板栗有限公司、河北栗源食品有限公司、天津燕都甘栗食品有限公司。承
德神栗食品股份有限公司为西域美农代工。贵州光秀生态食品有限责任公司
为新农哥代工。秦皇岛燕山板栗食品有限公司为新农哥代工。唐山市美客多
食品股份有限公司为沂蒙公社代工。

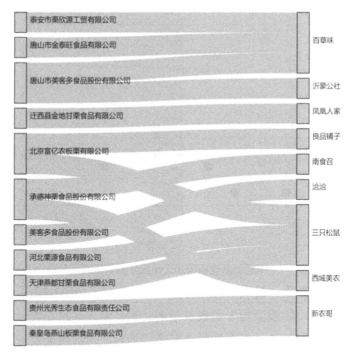

图3-6　中国小包装板栗代工网络图

注：图左侧为生产企业，右侧为代工品牌。

3.1.8 加工企业中创新企业分布

创新是农产品发展的不竭动力。对于板栗加工业的发展，创新同样是助推企业做大做强的关键。梳理我国板栗加工企业申请的发明专利信息及与板栗有关的发明专利信息可知，全部527项发明专利中，仅有58个与板栗有关。如图3-7所示，从我国板栗加工企业的专利申请时间序列分析，可知2011年前，有专利申请的4年中，每年的申请数量较少，最多的是2010年，达到了2项。而2006年、2008年、2011年分别只有1项。2012年后，申请专利数量呈现连续性增长，且每年申请数量均大于等于3项。2016年后，专利申请呈现较快增长态势。2017年，申请数量为历史最高值，为13项。2018年为7项。虽然2019年又减少为4项，但2020年增长至11项。

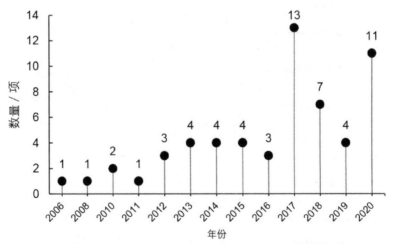

图3-7　中国创新型板栗加工企业专利申请时间分布

具体到特定企业，板栗专利申请也有很大差别。如图3-8所示，承德神栗食品股份有限公司的板栗类专利数量最多，为15项。其次，贵州光秀生态食品有限责任公司的板栗类专利数量也较多，为14项。这两家企业的专利申请总和占全国板栗加工企业申请专利总量的50%。河北栗源食品有限公司的板栗专利数量为7项。迁西景忠山酒业有限责任公司、北京富亿农板栗有限公司的板栗专利数量均为4项。唐山市的4家企业的板栗专利数量各为2项。图中其余6家企业的板栗专利数量均为1项。

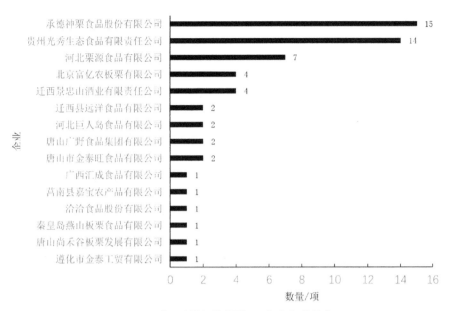

图3-8　中国创新型板栗加工企业专利分布

如图3-9所示，我国主要创新型板栗加工企业的专利申请，更多是在2017年后。申请专利数量排第一位的承德神栗食品股份有限公司，在2020年专利申请数量最多，达到了8项；而在2013年之前，该公司并没有专利申请；在2013年、2016年、2018年均有2项，2019年有1项。贵州光秀生态食品有限责任公司的专利申请总量为14项，其专利申请集中在2017年和2018年，分别有9项和5项。河北栗源食品有限公司的专利申请总量为7项，其申请的时间分别在2008年、2012年、2015年和2017年。北京富亿农板栗有限公司的专利申请分别是在2019年和2020年，均为2项。迁西景忠山酒业有限责任公司的专利申请分别是在2013年、2014年和2019年。河北巨人岛食品有限公司分别在2016年和2017年申请了1项专利。迁西县远洋食品有限公司在2010年有2项专利申请。唐山尚禾谷板栗发展有限公司的专利申请在2011年，有1项。图中其他企业仅有1项专利申请，申请时间在2013年后。

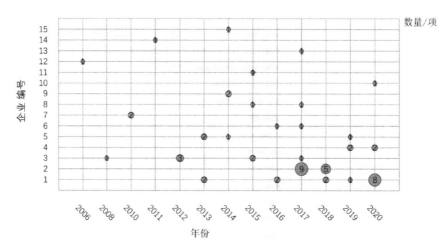

图3-9　创新型板栗加工企业专利时序申请分布

注：图3-9中编号与企业名称关联如下

1	承德神栗食品股份有限公司	9	唐山市金泰旺食品有限公司
2	贵州光秀生态食品有限责任公司	10	广西汇成食品有限公司
3	河北栗源食品有限公司	11	莒南县嘉宝农产品有限公司
4	北京富亿农板栗有限公司	12	洽洽食品股份有限公司
5	迁西景忠山酒业有限责任公司	13	秦皇岛燕山板栗食品有限公司
6	河北巨人岛食品有限公司	14	唐山尚禾谷板栗发展有限公司
7	迁西县远洋食品有限公司	15	遵化市金泰工贸有限公司
8	唐山广野食品集团有限公司		

3.1.9 创新型企业创新领域分布

本书中，对我国创新型板栗加工企业的定义为在板栗加工领域至少申请过一项专利的企业。在所有的板栗仁加工企业中，创新型企业数量为15家，涉及的创新领域有27个。集中在三大类，分别为A、B、C类。A类为人类生活必需品，B类为作业、运输，C类为化学、冶金。如图3-10所示，在A类中，企业申请A23L25/00类专利的总量最多，为9项。其中，北京富亿农板栗有限公司一家企业在此领域申请的专利数量就达到了4项。除此之外，承德神栗食品股份有限公司、广西汇成食品有限公司、北京富亿农板栗有限公司、贵州光秀生态食品有限责任公司、唐山市金泰旺食品有限公司在此领域各有1

项专利申请。企业申请A23N5/00类专利的总量同样最多，也为9项，并且其集中程度更高。其中，承德神栗食品股份有限公司一家企业在此领域的专利就达到了5项，贵州光秀生态食品有限责任公司在此领域的专利数量也达到了3项，河北栗源食品有限公司在此领域的专利数量为1项。另外，在A类中，A23L1/36类专利的申请数量也不少，有7项。而河北栗源食品有限公司在此领域的专利申请为3项。

B类专利申请包含7个小类，专利申请企业形成了差异化竞争格局。其中，贵州光秀生态食品有限责任公司在此领域具有垄断优势，其申请的专利数量达到了5项。其他2个小类中，承德神栗食品股份有限公司申请了1项B07B1/24类专利，秦皇岛燕山板栗食品有限公司申请了1项B07B1/08类专利。

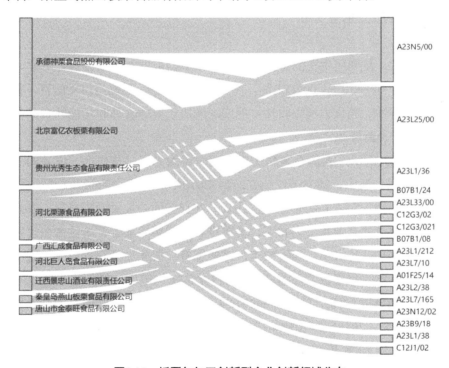

图3-10　板栗仁加工创新型企业创新领域分布

注：图左侧为生产企业，右侧为专利领域。

从企业层面，贵州光秀生态食品有限责任公司涉及的专利领域最多，为11个，包含类型有A23N5/00、A23N12/02、A23L25/00、A23B9/06、A23N12/10、

A23N5/08、B65B1/32、B65B31/04、B65B31/06、65B37/16、B65B37/18。其中，该企业申请的A23N5/00类专利数量最多，有3项。承德神栗食品股份有限公司涉及的专利领域次之，为9类，分别有A23N5/00、A23L1/212、A23L7/10、A01F25/14、A23L2/38、A23L25/00、A23L7/165、A23N12/02、B07B1/24。此外，该企业申请的A23N5/00类专利数量有5项。河北栗源食品有限公司专利申请总量位列第三，有7项。其专利涉及领域有5类，分别为A23L1/36、A23N5/00、A23B9/18、A23L1/38、C12J1/02，其中A23L1/36类专利申请数量达到了3项。迁西县的板栗加工企业中，河北巨人岛食品有限公司涉及的专利有2类，分别是A23L25/00和A23L33/00。

3.2 板栗肽加工企业分析

板栗肽，是利用生物酶解技术，将板栗中提取的有效成分进行酶解，分子量主要分布在130~1 000D之间，属于寡肽混合物；相比蛋白质而言，它有更好的溶解性、乳化力和吸收性，能广泛应用于普通食品和功能性食品的开发中，是一种新资源食品。

如图3-11所示，我国板栗肽加工企业总量为53家。总体上，成立的企业多属年轻型。其中，2008年仅成立2家。2010年后，成立的企业总量达到了51家。在2010年后成立的企业中，2010—2015年间企业总量为11家；2016—2021年，成立的企业总量为40家，说明在我国板栗肽加工领域进入快速发展时期。从2010—2021年，连续12年，每年都有板栗肽加工企业成立。其中，2010—2013年，每年成立数量平均只有1家。2014年后，每年成立数量有明显增加：2014年为2家，2015年和2016年分别有5家。2017年成立的企业数量最多，为9家。2018年和2019年成立数量分别有8家和3家。2020年和2021年成立数量分别为8家和7家。

如图3-11、图3-12所示，我国板栗肽加工企业成立时间和企业分布，呈现极大的不均衡性。陕西省相关企业有41家，占我国总量的77.4%。甘肃省、宁夏回族自治区各有2家企业。其他8个省（直辖市），即安徽省、广东省、河南省、吉林省、江苏省、江西省、山东省、上海市各有1家企业。

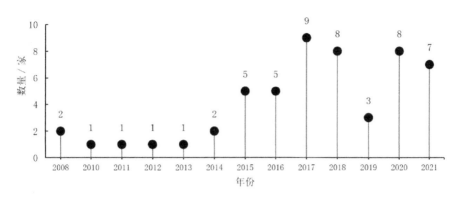

图3-11　中国板栗肽加工企业成立时间分布

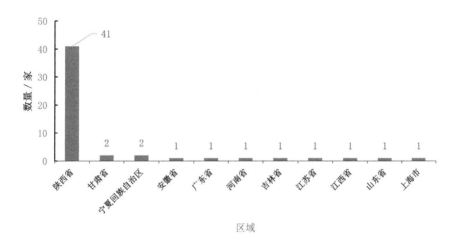

图3-12　中国板栗肽加工企业分布

如图3-13所示，从我国板栗肽加工企业在不同区域成立时间看，广东省的1家企业在2008年成立，时间较早。河南省的1家企业成立于2012年。2017年，江苏省和吉林省各有1家企业成立。2018年，安徽省、山东省也各有1家企业成立。2020年，上海市和江苏省各有1家板栗肽企业成立。宁夏回族自治区的2家板栗肽加工企业分别成立于2013年和2017年。

陕西省的板栗肽加工企业，在2008年、2010年和2011年分别有1家成立。而后，从2014—2021年，陕西省每年都有板栗肽加工企业成立，且从2015年开始，每年的企业成立数量较多：2015年为5家；2016年达到了4家；2017年和2018年，成立数量均为6家；2019年新建企业数量为3家；2020—2021年，数量继续增加，分别成立了6家和7家。

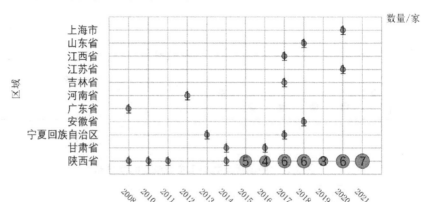

图3-13　板栗肽加工企业成立区域及时间分布

3.3 板栗泥加工企业分析

　　总体上，我国板栗泥加工企业也呈现出年轻化态势。如图3-14所示，2000年之前，我国板栗泥加工企业仅有7家。2000—2010年，板栗泥加工企业新建立了10家。2011—2015年，新创建的板栗泥加工企业达到了14家。其中，仅2011年一年，创立企业数量就达到了8家，数量最多。

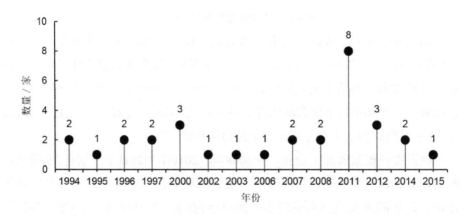

图3-14　中国板栗泥加工企业成立时间分布

如图3-15所示，在不同区域，我国板栗泥加工企业的成立时间有所不同。四川省板栗泥加工企业最多，并且在2011年就创立了5家。上海市在1994年和2012年均创立了1家板栗泥加工企业。山东省则在1995年、2002年、2012年、2015年各有1家板栗泥加工企业成立。辽宁省有2家板栗泥加工企业，分别成立于1994年和2011年。江西省则在2014年成立了2家板栗泥加工企业。江苏省的3家板栗泥加工企业均成立于2000年。河南省的板栗泥加工企业分别成立于2007年和2012年。广东省的板栗泥加工企业于2003年和2007年成立1家，2011年成立2家。福建省的板栗泥加工企业则成立较早，成立于1996年。北京市的板栗泥加工企业成立于2006年。安徽省在1997和2008年均成立了2家板栗泥加工企业。

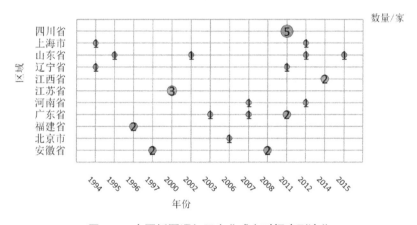

图3-15　中国板栗泥加工企业成立时间序列演化

如图3-16所示，在众多板栗泥品牌中，除去一家国产品牌价格为每千克89元外，国外品牌中，法国安贝价格为每千克81元，瑞士英雄每千克72元，瑞士碧琪每千克65元。三种国外品牌相关产品的价格属于较高值。众多的国内品牌，绝大多数价格低于每千克60元，更多居于40～60元区间。

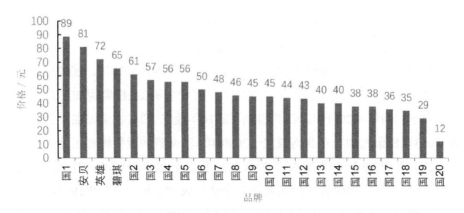

图3-16 板栗泥主要品牌价格构成（每1 000g计算）

注：板栗泥主要加工品牌

国家/企业名称	品牌
法国	安贝
瑞士	英雄
东莞市宝来食品有限公司	舒芙蕾
上海早苗食品有限公司	早苗

该领域中，法国的安贝和瑞士的英雄品牌销售排在靠前的位置。其次，我国广东省的舒芙蕾和上海市的早苗的销量也不错。

3.4 其他板栗制品加工企业分析

（1）板栗内皮粉

板栗内皮味甘、涩而平，具备化痰止咳、消炎等多种作用，能够用于治疗慢性支气管炎、咳嗽有痰、淋巴结核等多种常见疾病，医治效果显著。同时，板栗内皮粉能快速消肿。此外，板栗内皮能美容护肤，其含有的多种营养元素，尤其是维生素E和硒的含量非常高，能滋润皮肤，减缓皮肤衰老。

目前，国内板栗内皮粉制造企业中，河北省有3家企业，分别是遵化市金源食品有限公司、唐山天成食品有限公司、迁西县金地甘栗食品有限公司。同时，还有安徽省华民食品有限公司和河南省的一家企业。另外，市场上在售的产品中，有100%韩国进口的板栗内皮粉面膜。

（2）板栗酒

目前，市场上在售的板栗酒，有原产于韩国的酒时乐板栗玛可利配制酒。制售板栗酒的国内企业数量不多，包括河北省的3家企业，分别是河北省迁西县的迁西景忠山酒业有限责任公司、喜峰口（迁西）大刀酒业有限公司，以及唐山市方泰酿酒厂；山东省的青岛翔鸣酒厂；陕西省的陕西酆域酒业有限公司；安徽省的黄山市黟县黟骆驼土特产有限公司。

（3）板栗汁（露）

我国板栗汁（露）加工企业主要分布于河南省和河北省。河南省的2家企业分别是中有信阳多栗多绿色食品有限公司、漯河市永利食品有限公司。河北省的3家企业中，包括河北省唐山市的企业2家，分别是唐山东辰食品饮料有限公司、河北巨人岛食品有限公司；另外，还有保定市的河北西麦食品有限公司。

（4）板栗多糖肽

目前，我国板栗多糖肽加工企业不多，集中在陕西省，包括陕西横岭天然生物制品有限公司、西安米先尔生物科技有限公司。

（5）板栗速溶粉

我国板栗速溶粉的生产销售企业有2家，包括扶风斯诺特生物科技有限公司、宁夏香草生物技术有限公司。

（6）栗子皮提取物

生产企业为陕西横岭天然生物制品有限公司。

（7）灰树花/栗子蘑提取物

目前，生产企业有陕西藤迈生物科技有限责任公司、陕西绿晟源生物制品制造有限公司。

第4章 河北省板栗主产区
板栗产业发展状况

河北省人民政府在《关于加快建设果品产业强省的意见》（冀政〔2012〕13号）中，明确把板栗列为河北省要重点发展的优势和特色果品。2021年，河北省板栗栽培主要集中于承德市、唐山市、秦皇岛市和邢台市。其中，有7个地区种植面积超过20万亩，分别为迁西县（63万亩）、兴隆县（49万亩）、遵化市（32万亩）、宽城满族自治县（46.8万亩）、邢台县（44.3万亩）、青龙满族自治县（31万亩）和抚宁区（30万亩）。

4.1 唐山市板栗产业发展状况

唐山市位于河北省东部，东经117°31′～119°19′，北纬38°55′～40°28′，地处渤海湾中心地带，东与秦皇岛市隔（滦）河相望，南临渤海，西与北京、天津毗邻，北依燕山隔长城与承德市接壤。

如图4-1所示，2011—2021年，唐山市的板栗产量分布可分为两个阶段。第一阶段，2011—2017年，为持续增长期。板栗产量从2011年的最低值6.34万吨，到2012年和2013年分别达到7.06万吨、7.73万吨，2014年和2015年又分别增长为8.11万吨、8.75万吨。2016年后，板栗产量超过9万吨，2017年增长至9.66万吨。第二阶段，2018—2021年，为再增长阶段。其间，2018年板栗产量比2017年微弱下降，为9.61万吨。但此后一直至2021年，保持持续增长状态。2020年和2021年，唐山市的板栗年产量突破10万吨，分别达到了10.26万吨、10.83万吨。

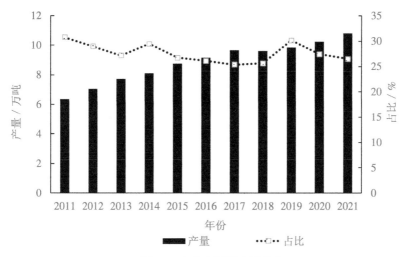

图4-1　唐山市板栗产量分布

　　唐山市的板栗产量占河北省板栗总产量的比重在25%～31%之间波动。
2011年，比重达到30.75%。2012—2014年，比重均在28%上下波动。2015—
2018年，比重值有所下降，均在25%上下波动。2019年，唐山市的板栗产量
占河北省板栗总产量的比重增长为30.18%。其后，2020年和2021年，又分别
下降为27.43%和26.48%。

　　唐山市的板栗种植集中在迁西县、遵化市。其中，如图4-2所示，2021
年，迁西县的板栗产量占唐山市总产量的62.52%，而遵化市的板栗产量占唐
山市总量的31.79%，迁安市的板栗产量占比为5.55%。除了上述三个地，唐山
市其他地区的板栗产量很少，仅占唐山市板栗总产量的0.14%。

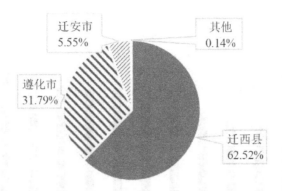

图4-2 2021年唐山市板栗产量分布

4.1.1 迁西县板栗产业发展状况

（1）种植历史

迁西县，隶属河北省唐山市，位于河北省东部，唐山市北部，滦河中下游，北靠长城。地处燕山南麓、长城脚下。东连青龙满族自治县、迁安市，南接丰润区、滦州市，西邻遵化市，北以长城中心线为界与兴隆县、宽城满族自治县相接，县域面积达1 460平方千米。

迁西县向南靠近渤海湾，是燕山山前平原，向北是冀北燕山山地，滦河自西北南下到县城北折向东流入迁安，所以迁西县的地形是南北高、中间低。由于境内河流众多，形成了以中低山、高丘为主的侵蚀地貌，山地主要由片麻岩组成。迁西县的片麻岩节理、片理、裂隙发育，具有疏松易风化的特点，多种元素，特别是板栗生长所需的营养元素，如磷、钙、镁、锰等含量均高于其他岩石，铁含量远高于肉红色伟晶岩，所以由其特殊的结构和发育形成的土壤养分含量高于其他地区，极适合板栗生长。

迁西县拥有良好的板栗种植资源禀赋，板栗种植历史悠久。1957年，迁西县板栗种植面积达9.5万亩，年产板栗4 125吨，比1949年增长近1倍。20世纪60年代初期，全县加快建设板栗基地，到1965年，全县板栗种植量发展到13万亩、158万株，年产板栗7 500吨，比1949年增长2.4倍。1967年夏季遭受了一场严重的风灾，毁伤栗树2万多株，当年产板栗5 600吨。20世纪70年代初由于暴雨、修水库等因素又导致8万余株栗树被毁。1973年，全县再掀发展林业生产高潮，提出"到1975年板栗产量达到1万吨"的目标。1974年3月，长春电影制片厂科教片组在迁西县拍摄了《板栗》科教片。1978年以后，县内实行各种形式的林果生产责任制，农民生产板栗的积极性越来越高。1980年7月19日，河北省人民政府批准迁西县为"板栗生产基地县"，虽因自然灾害和潘家口、大黑汀两大水库拦坝蓄水，以及引滦入津、引滦入唐工程占地等因素影响，导致前后共砍伐栗树56万株，但到1984年，板栗产量仍增长到1 368吨，成为全国年产板栗超万吨县，占全国总产量的13%，占河北省总产量的35.8%。以后全县逐年加快发展以板栗为主的林果生产，并探索出了"围山转"的工程开发模式，先后在板栗基地进行了选种、栽培、嫁接、修剪、病虫害防治以及低产园改造、板栗花期喷硼、综合丰产技术等试验、示范、推广，使迁西板栗生产有了质的飞跃，成为全国最大的板栗生产基地县。1993年4月，林业部确定迁西县为"优质板栗基地示范县"。

迁西板栗外形美观，底座小；果形端正均匀，平均每千克栗果120～140粒，大的每千克80粒；颜色呈红褐色，鲜艳有光泽，有浅薄蜡质层，皮薄，较其他地区的板栗硬、实，故有东方"珍珠"和"紫玉"之美称，宋代诗人晁公溯曾有"风陨栗房开紫玉"之诗句；果仁呈米黄色，易剥、不粘内皮。

1990年6月，迁西板栗被第十一届亚运会组委会、林业部、农业部确定为标志产品。1995年，迁西县被首批百家中国特产之乡命名宣传活动组委会命名为"中国板栗之乡"。当时迁西板栗的出口量占全国出口总量的三分之一，占河北省出口总量的近二分之一。1998年，迁西板栗被河北省人民政府评为"十大特色区域名牌产品"。2008年3月，"迁西板栗"被国家工商总局商标局认定为中国驰名商标，成为我国板栗行业第一个地理标志驰名商标。2017年12月，迁西板栗入选国家农业部等九部委第一批"中国特色农产品优势区"名单。2022年10月，入选我国2022年农业品牌精品培育计划。

迁西县是唐山市唯一的纯山区县，全县总面积218万亩，林业规划面积170万亩，现有林地面积138万亩，森林覆盖率达63%，其中生态公益林面积58.34万亩。迁西县板栗种植区分布在7个乡镇，涉及27个村。全县板栗栽植面积达到75万亩、5 000万株，常年产量5万吨，板栗及相关产业产值15亿元，是著名的"中国板栗之乡"。

（2）迁西县板栗产量时序分布

如图4-3所示，2011—2021年，迁西县的板栗产量经历了两轮增长阶段变化。其中，2011—2016年，为第一轮板栗产量持续增长阶段。2011年，为迁西县板栗产量研究期内的最低值，仅为3.94万吨。2012年，则增长至4.34万吨。2013—2016年，板栗年产量从5.03万吨增长至5.99万吨。2017—2021年，迁西县的板栗产量进入第二轮增长阶段。2017年和2018年，产量低于2016年，分别为5.67万吨、5.92万吨。2019年后，迁西县的板栗年产量超过6万吨，2020年为6.52万吨。2021年，迁西县的板栗产量达到研究期内的最高值6.74万吨，是2011年的1.71倍。

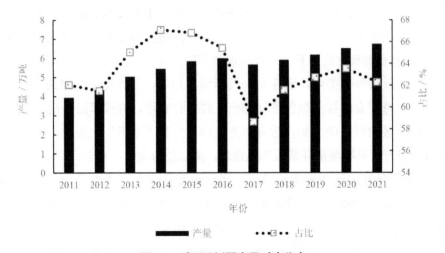

图4-3　迁西县板栗产量时序分布

（3）迁西县板栗加工企业现状

目前，迁西县拥有8家板栗加工企业。其中，河北巨人岛食品有限公司位于迁西县栗乡工业产业聚集区，唐山天成食品有限公司、迁西县金地甘栗食品有限公司位于迁西县县城，迁西景忠山酒业有限责任公司位于迁西县三屯营镇王珠店村，迁西县远洋食品有限公司位于迁西县兴城镇西河南寨村，唐山尚禾谷板栗发展有限公司则位于迁西县白庙子乡翻鞍寨村，迁西县玉栗商贸有限公司位于迁西县下营村，喜峰口（迁西）大刀酒业有限公司位于迁西县滦阳镇苇子峪村。

如图4-4所示，迁西县板栗加工企业中，唐山天成食品有限公司成立时间最早，为1999年。2001年成立的2家公司分别为迁西县玉栗商贸有限公司、迁西县远洋食品有限公司。迁西县金地甘栗食品有限公司则成立于2004年。迁西景忠山酒业有限责任公司成立于2008年。唐山尚禾谷板栗发展有限公司、喜峰口（迁西）大刀酒业有限公司均在2009年成立。河北巨人岛食品有限公司则成立于2014年。

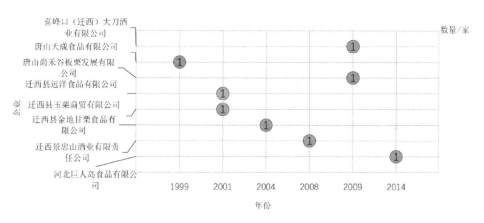

图4-4　迁西县板栗加工企业成立时间分布

4.1.2 遵化市板栗产业发展状况

（1）种植历史

遵化市板栗栽培有2000多年的历史，主要种植区集中在马兰峪镇、侯家寨乡、小厂乡、建明镇、崔家庄乡等北燕山山脉。

遵化市先后被国家命名为"中国板栗之乡""中国绿色生态板栗示范市""全国经济林建设先进县（市）"，成功创建了唐山市唯一一个"国家级出口食品农产品质量安全示范区（板栗）"，也是全国唯一的"国家外贸转型升级基地（板栗）"。2020年，"遵化板栗"地理标志商标被国家知识产权局核准注册，正式成为国家地理标志商标。2020年、2021年中国国际板栗大会均在遵化市召开。

遵化市也是全国最大的板栗产业交易集散中心、仓储物流中心、出口创汇中心、板栗深加工产业中心。被河北省命名为"河北省优质板栗生产基地县（市）""河北省十大区域公共品牌（板栗）""河北省遵化板栗特色农产品优势区"。遵化市目前有栗源、珍珠甘栗等板栗加工企业30多家，注册产品商标40多个，具备板栗研发、深加工等能力，鲜板栗、速冻栗仁等产品出口几十个国家和地区，年销售额10多亿元。

近年来，遵化市将文旅融合发展作为创建国家全域旅游示范区的重要路径，2019年第四届栗花节的举办吸引了大量京津冀游客，游客在栗花香中了解板栗知识、品鉴板栗产品。

（2）遵化市板栗产量时序分布

如图4-5所示，遵化市的板栗产量经历了三阶段变化。2011年，板栗产量为研究期内最低值，为1.9万吨。2012—2017年，板栗年产量均在2.1万吨至2.9万吨之间。其间，2012年和2014年产量分别为2.2万吨、2.13万吨。2017年，板栗产量达到了2.82万吨。2018—2021年，板栗年产量均超过3万吨，在3.3万吨至3.5万吨之间。2021年，板栗产量达到研究期内最高值，为3.43万吨，为2011年的1.8倍。

遵化市板栗产量占唐山市板栗总产量的比重经历了"高—低—高"的变化过程。2011年和2012年处于高阶段，比重分别为30.07%、31.11%。2013—2017年，比重下降，均低于30%。其中，2014年为26.26%，2017年为29.17%。2018—2021年，比重进入第二轮高的阶段。2018年达到研究期内最高值，为34.92%。2019年为34.03%。2020年和2021年，分别处于33.14%和31.68%的较高水平。

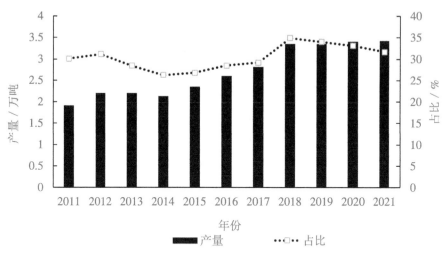

图4-5　遵化市板栗产量时序分布

4.2 承德市板栗产业发展状况

承德市地处河北省东北部，范围介于北纬40°12′～42°37′，东经115°54′～119°15′。处于华北和东北两个地区的连接过渡地带，地近京津，背靠内蒙古、辽宁，省内与秦皇岛市、唐山市两个沿海城市和张家口市相邻，北部与内蒙古自治区赤峰市、锡林郭勒盟相邻。

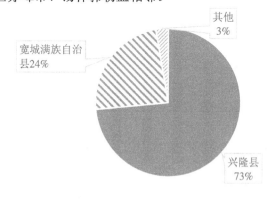

图4-6　2021年承德市板栗产量分布

承德市的板栗种植集中在两个县，分别为兴隆县、宽城满族自治县。其中，如图4-6所示，2021年，兴隆县的板栗产量占承德市板栗总产量的73%，优势突出。宽城满族自治县的板栗产量占承德市板栗总产量的24%。除了上述两地，承德市其他地区的板栗产量很少，仅占总量的3%。

如图4-7所示，2011年，承德市板栗产量为研究期内最低值，为8.95万吨。2012年和2013年，产量持续增加，分别达到了11.32万吨、15.08万吨。2014—2021年，承德市的板栗产量变化经历了"增长—下降—再增长"的过程。其中，2014年产量达到13.35万吨。2017年，增长到19.72万吨，为研究期内最高值。2018年和2019年，产量有所下降，分别达到18.76万吨、14.96万吨。2020年和2021年，经历再增长，产量分别达到18.31万吨、18.5万吨。

总体上，承德市的板栗产量占河北省板栗总产量的比重分布呈现三阶段。第一阶段，为2011—2014年，除去2013年比重达到53%，其他三年，均不足50%。其中，2011年、2012年和2014年分别达到43.39%、46.4%、48.53%。第二阶段，为2015—2018年，承德市的板栗产量占河北省板栗总产量的比重均高于50%。其中，2015—2017年分别为51.93%、51.80%、51.72%，2018年为50.03%。第三阶段，为2019—2021年，比重有所回落，3年对应值分别为45.82%、48.94%、45.26%。

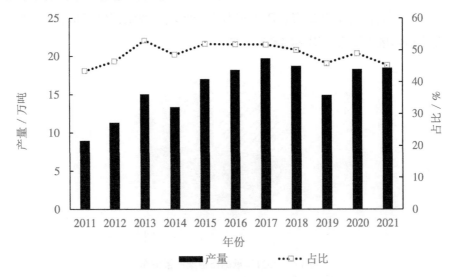

图4-7　河北省承德市板栗产量时序分布

4.2.1 兴隆县板栗产业发展状况

兴隆县地处河北省东北部，承德市最南端，长城北侧。兴隆县是燕山板栗的故乡，栽培历史悠久。兴隆县境内尚有200年生的大树，且仍枝繁叶茂，结果良好。其板栗主要分布于长城沿线的乡镇，自然环境优美、无污染，经检验符合无公害果品生产要求，果实大、皮薄、色泽鲜艳、外观整洁、果肉细腻，具有甜、香、糯的特点，风味独特。

（1）兴隆县板栗产业布局构成

对于地处燕山深山区的兴隆县，有着"九山半水半分田"的石质山地貌，植被生长十分困难，但却十分适宜板栗的生长。板栗在兴隆果树生产中占有重要地位，已经成为兴隆农民经济收入的重要来源，相关产业也是兴隆县的重要支柱性产业。目前，兴隆县板栗种植主要分布在八卦岭乡、挂兰峪镇、孤山子镇、半壁山镇、蓝旗营镇、三道河镇等乡镇。

拥有优质的板栗原料供给，兴隆县的板栗加工企业也不断增加。其中，位于孤山子镇孤山子村的河北长城绿源食品有限公司，为省级农业产业化重点龙头企业，该企业主要收购及加工鲜板栗、甘栗仁、速冻栗仁、开口笑等，年加工能力达到了4 000吨，其产品已远销海外。同样是省级农业产业化重点龙头企业的承德栗源食品有限公司，位于蓝旗营镇东风村，其板栗年加工能力也达到了500吨。另外，还有位于青松岭镇董家店村的承德金利食品有限公司，为市级农业产业化重点龙头企业，其年加工能力为200吨。

（2）兴隆县板栗产量时序分布

如图4-8所示，2011—2021年兴隆县的板栗产量经历了三阶段波动变化。第一阶段为2011—2013年，板栗产量从2011年的6.02万吨，到2012年增长至8.13万吨，2013年又继续增长至11.03万吨。第二阶段为2014—2017年，年产量在十万吨以上高位持续增加。从2014年的10.8万吨，到2015年和2016年分别增长至12.43万吨、13.39万吨。2017年，兴隆县的板栗产量达到研究期内最高值，为14.72万吨。第三阶段为2018—2021年，板栗产量经过短暂下降，又重新进入增长阶段。与2017年相比，2018年板栗产量微弱下降至14.48万吨，2019年又继续下降至10.24万吨。2020年和2021年，板栗产量持续增长，分别达到了13.08万吨和13.6万吨。

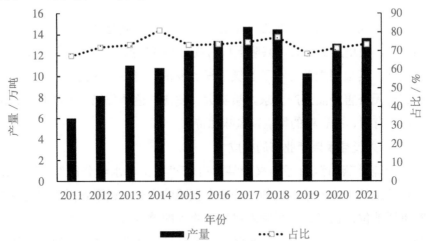

图4-8 兴隆县板栗产量时序分布

兴隆县的板栗产量占承德市板栗总产量的比重，一直保持在较高水平。2011年和2019年，对应兴隆县板栗产量处于较低值，比重值也分别为67.22%、68.46%。除去这两个年份，其他时间，兴隆县的板栗产量占承德市板栗总产量的比重一直在71%至78%之间。2018年，兴隆县的板栗产量占承德市板栗总产量的比重达到研究期内最高值，为77.18%。

4.4.2 宽城满族自治县板栗产业发展现状

宽城满族自治县位于河北省东北部、承德市东南部，与秦皇岛市青龙县、唐山市迁西县、辽宁省凌源市接壤，属于山区县。因"元设宽河驿、明筑宽河城"而得名。

宽城满族自治县盛产板栗、优质水果等农副产品，板栗种植可追溯到两千年前，板栗栽植面积80万亩，达2 600多万株，传统板栗栽培系统获批全国重要农业文化遗产，被誉为"中国板栗之乡"。2003年，"宽城板栗"获得了国家质量监督检验检疫总局颁发的"国家地理标志保护产品"证书。宽城板栗也是"全国绿色食品原料标准化生产基地"。

宽城满族自治县板栗种植主要集中在宽城镇、龙须门镇、峪耳崖镇、板城镇、汤道河镇、梓罗台镇、碾子峪镇、化皮溜子乡、塌山乡、孟子岭乡、独石沟乡、东大地乡、铧尖乡、东黄花川乡、亮甲台乡、苇子沟乡、大字沟门乡、大石柱子乡等地，以单作、间作为主。宽城满族自治县的传统板栗栽培系统被农业部认定为中国重要农业文化遗产。

依托原料优势，拓展产业链条，2000年，以板栗加工为主要业务的承德神栗食品有限公司成立，注册资本8 000万元。目前，该公司已经发展成为集基地种植、科技研发、生产加工、市场营销于一体的综合性食品加工企业，拥有独立进出口经营权，是农业产业化国家重点龙头企业、国家林业重点龙头企业，神栗商标被认定为中国驰名商标。神栗牌板栗系列产品通过了HACCP食品安全体系认证和ISO9001国际质量管理体系认证、英国BRC认证、美国的FDA认证，同时还通过了美国、日本、欧盟、中绿华夏四个有机食品认证和伊斯兰清真食品认证、犹太洁食认证等26项权威认证，先后被认定为国家地理标志保护产品、全国生态原产地保护产品。

如图4-9所示，2011—2021年，宽城满族自治县的板栗产量大致经历了两轮波动变化。第一阶段为2011—2014年，除去2013年板栗产量达到3.5万吨，其他时间板栗产量均不足3万吨。2011年和2012年的板栗产量分别2.6万吨、2.68万吨。2014年，宽城满族自治县的板栗产量达到研究期内最低值，为2万吨。第二阶段为2015—2021年，除去2018年板栗产量为3.8万吨，其他时间均在4万吨之上。其中，2015—2017年的板栗产量三年持续增加，从2015年的4万吨，到2016年增长至4.2万吨，2017年又增长至4.3万吨。2021年，城满族自治县的板栗产量达到研究期内最高值，为4.39万吨，达到2014年最低水平的2.19倍。

宽城满族自治县的板栗产量占承德市板栗总产量的比重，除去2014年的最低水平14.98%，其他时间均在20%至30%之间波动。2011年，对应比重最高，为29.05%。2019年，比重也为较高水平，达到了26.74%。其他年份，基本在22%上下波动。

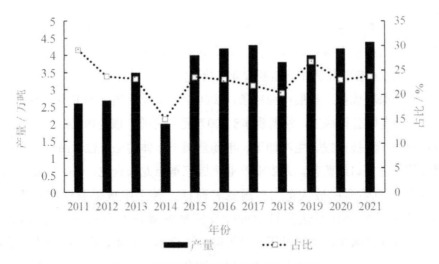

图4-9 宽城满族自治县板栗产量时序分布

4.3 秦皇岛市板栗产业发展状况

秦皇岛市位于河北省东北部，北纬39°24′～40°37′，东经118°33′～119°51′。秦皇岛市地处中国华北地区、河北省东北部，南临渤海，北依燕山，东接辽宁，西近京津，地处华北、东北两大经济区结合部，居环渤海经济圈中心地带，距北京280千米，距天津220千米。秦皇岛板栗种植主要位于青龙满族自治县、抚宁区两地。

4.3.1 青龙满族自治县板栗产业发展现状

青龙满族自治县，位于河北省的东北部，在燕山东麓，古长城北侧，位于东经118°33′31″～119°36′30″，北纬40°04′40″～40°36′52″之间。青龙满族自治县属北温带湿润大陆性季风气候，属典型山地地貌，土壤微酸性质，沙壤，有机质含量高，具有优质的板栗自然生长环境。自然资源丰富，林果资源量多质优，全县林地面积334.4万亩，耕地48.4万亩，森林覆盖率达60%，被国家林业局确定为"全国经济林建设先进县"。青龙满族自治县现有板栗专业合作社179家，其中国家级板栗示范社21家，省级示范社2家，市级示范社6

家，现有龙头企业4家。青龙甘栗倍受消费者青睐，是中国著名的"京东板栗之乡"。

（1）青龙满族自治县板栗产业发展历程

青龙县板栗栽培历史悠久，可追溯到春秋战国时期，距今已有2000多年的历史。在青龙县草碾村附近有上百株的古树群，其中最大一株树龄高达千年。青龙板栗个大皮薄，色泽鲜艳，果肉细腻，风味芳甘，是"京东板栗"的龙头产品，在日本单独注册商标为"青龙甘栗"。青龙的"京东板栗"在2000年9月第四届（廊坊）北方农副产品暨农业技术交易会上被省农业厅、质量技术监督局、林业厅等部门认定为名优产品；2001年11月经省消费者协会审查批准荣获河北省第六届消费者信得过产品；在2006年实施地理标志产品保护；2008年12月和2011年12月，其"京东"商标两次被河北省工商行政管理局评为河北省著名商标；2011年，通过了日本JAS有机板栗认证，青龙满族自治县被河北省政府确定为"百万亩外向型京东板栗出口基地县"。2012—2017年，在"中国（廊坊）农产品展销会"果王争霸赛活动中，青龙县选送的板栗共荣获11枚奖牌，百峰贸易有限公司的"京东牌"板栗荣获"河北省十大林果产品品牌"称号。2017年1月，"中国河北青龙甘栗"宣传广告在美国纽约时代广场大屏幕播出。2017年8月，青龙满族自治县成立了秦皇岛市首个板栗产业发展中心，为青龙满族自治县板栗产业可持续发展提供组织保障和技术支撑。2017年、2018年、2019年青龙满族自治县连续三年举办青龙板栗节。2019年央视新闻频道播出《河北青龙：板栗笑口落树脚 脱贫路上话丰年》专题新闻，新华社以"河北青龙：板栗林下话丰年"为题播出了青龙板栗新闻，使青龙板栗销售市场得到进一步拓展。2020年，青龙板栗荣获河北省气候中心"河北省气候好产品"证书。《叫响"京东板栗王"，特色林业提档升级》与《发展板栗产业，助力脱贫攻坚》作为典型材料，入选贫困县产业扶贫经验，成为河北产业扶贫典型案例，在河北省产业扶贫大会上书面交流推广。2012年以来，青龙满族自治县立足板栗产业优势，将板栗种植作为扶贫攻坚、强县富民的主导产业，不断地加大产业扶持力度，着力推进板栗基地建设，积极培育产业龙头，板栗产业得到了快速发展，已成为促进青龙满族自治县农业产业结构调整、带动农民增收的重要支撑。随着青龙县板栗规模逐渐扩大，板栗产量也在不断提高。

（2）青龙满族自治县板栗种植区域分布

如图4-10所示，2021年青龙满族自治县板栗种植区域中，青龙镇的种植面积最多，为11.32万亩。其次，肖营子镇种植面积为9.45万亩。八道河镇与娄杖子镇的种植面积分别为7.82万亩和7.78万亩。隔河头镇种植面积为5.84万亩。凉水河乡与茨榆山乡的种植面积分别达到了4.38万亩和4.26万亩。另外两个乡镇，马圈子镇和安子岭乡的种植面积分别为3.8万亩和3.66万亩。

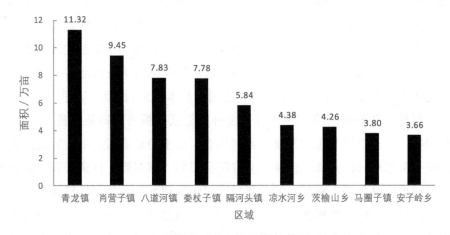

图4-10　2021年青龙满族自治县板栗种植区域面积

（3）青龙满族自治县板栗产量时序分布

如图4-11所示，2011—2021年，青龙满族自治县的板栗产量大致经历了三阶段变化。第一阶段为2011—2015年，板栗产量处于波动增长阶段。该时期板栗年产量在1万吨至2万吨之间波动。2011年板栗产量为研究期内最低值，仅有1万吨，2015年增长至1.5万吨。2016—2018年，青龙满族自治县的板栗产量进入第二阶段，板栗年产量在2万吨至3万吨之间，三年的板栗产量分别为2万吨、2.5万吨、3万吨。2019—2021年，青龙满族自治县的板栗产量进入第三阶段，年产量均突破3万吨，三年产量分别为3.02万吨、3.61万吨、4.75万吨。

随着板栗产量的持续增加，青龙满族自治县的板栗产量占秦皇岛市板栗总产量的比重整体呈现增长态势。第一阶段为2011—2015年，除2011年达到

40.54%，其他时间均在35%至39%之间波动。2016年后，青龙满族自治县的板栗产量占秦皇岛市板栗总产量的比重持续增长。从2016年的45.8%，到2018年达到67.68%，2020年增长至70.75%，2021年产量和占比均达到研究期内最高值，青龙满族自治县一个县的板栗产量占秦皇岛市板栗总产量的比重达到了75.4%。

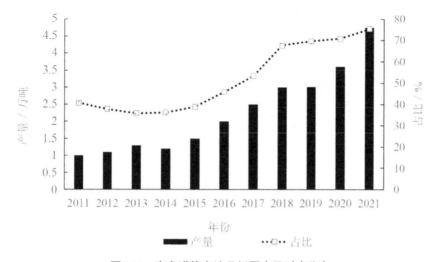

图4-11 青龙满族自治县板栗产量时序分布

4.3.2 抚宁区板栗产业发展现状

抚宁区的板栗产量分布整体呈现三阶段。2011—2013年为增长阶段，板栗产量从2011年的1.42万吨，到2012年增长至1.78万吨，2013年达到研究期内最高值，为2.3万吨。2014—2016年，抚宁区板栗产量呈现下降态势。其中，2014年板栗产量降至2.08万吨，2015年和2016分别为1.2万吨、1.26万吨。2017年后，抚宁区板栗产量进入平稳保持阶段，板栗年产量在1万吨上下微量波动。2017年，板栗产量为1.14万吨，2018年和2019年分别为0.93万吨、0.96万吨。2020年和2021年又有所增加，分别达到了1.04万吨、1.07万吨。

抚宁区的板栗产量占秦皇岛市板栗总产量的比重整体呈现"升—降"态势。2011年比重值为57.61%，2012年和2013年持续增长，分别达到了60.84%、63.07%。与2013年相比，2014年抚宁区的板栗产量占秦皇岛市板栗总产量的比重有所下降，但依然保持在62.56%的高值。2015年后，比重值大幅下降。2015年降至30.94%，2018年为21.01%，2020年又降至20.4%。2021年，抚宁区的板栗产量占秦皇岛市板栗总产量的比重降至最低值，仅为17.03%。

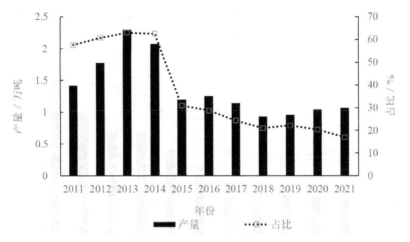

图4-12　抚宁区板栗产量时序分布

4.4 邢台市板栗产业发展状况

邢台市位于河北省南部，东以大运河和山东省相望，西依太行山和山西省毗邻，北及东北与石家庄市、衡水市相连，南接邯郸市。邢台西部山区土质和气候条件都适应栗树生长，土壤含丰富的微量元素，使得太行山板栗营养丰富。2004年12月，国家林业局公布的第三批"名特优经济林之乡"名单中，邢台县（2020年后为信都区）被命名为"中国板栗之乡"。2014年9月，在第二届河北省名优果品擂台赛上，邢台板栗获"河北省板栗王"称号。邢台市板栗主要分布在白岸乡、路罗镇、浆水镇、将军墓镇、宋家庄镇等10个乡镇。板栗栽培品种有燕山早丰、北峪二号、燕奎、林珠、林冠、林宝、燕晶、硕丰、西沟七号等。

如图4-13所示，2011—2021年，邢台市板栗产量呈现"W"形走势分布。2011年和2012年的板栗产量分别为2.19万吨、2.28万吨。2013年降至研究期内最低值，为1.39万吨。之后，直至2018年，产量持续六年增长。其间，2014

年产量达到1.82万吨，2015—2017年的年产量分别增长至2.03万吨、2.32万吨、2.79万吨。2018年，增长至研究期内最高值，达3.75万吨。2019年和2020年，邢台市的板栗产量有所下降，分别为2.51万吨、2.66万吨。2021年，邢台市板栗产量有所增加，达到了3.21万吨。

总体上，邢台市的板栗产量占河北省总体的比重经历了降—升—降走势。2011年达到研究期内最高，为10.63%。此后，2012年降到了9.36%。2013年，随着邢台市板栗产量降至最低值，邢台市的板栗产量占河北省总体的比重也达到最低，仅为4.89%。2014—2016年，三年对应值分别为6.61%、6.21%、6.61%。2017—2021年的五年中，除去2018年比重值达到10%，其他四年，比重均在7.1%至7.9%之间波动。

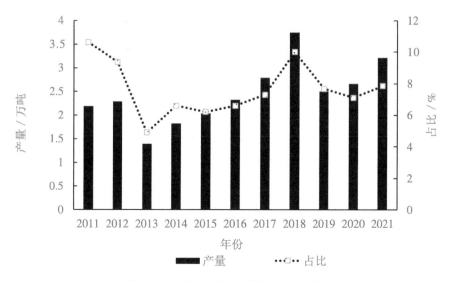

图4-13　河北省邢台市板栗产量时序分布

邢台市板栗分布中，主要集中在邢台县。如图4-14所示，2011—2017年，除2013年邢台县的板栗产量为最低值0.76万吨，其他时间年产量均在1.1万吨至1.87万吨之间波动。2018年，邢台县板栗产量达到最高值，为2.9万吨。其后，2019年和2020年，邢台县（信都区）板栗产量有所下降，分别为1.64万吨、1.93万吨。

邢台县的板栗产量占邢台市板栗总产量的比重始终高于50%。其中，

2012年为76.75%。2013年为研究期内最低值，为54.47%。2013—2018年，邢台县的板栗产量占邢台市板栗总产量的比重持续增加，2014年达到60.61%。2016年又继续增加至64.44%。2018年，邢台县的板栗产量占邢台市板栗总产量的比重增加至研究期内最高值，为77.36%。此后，2019年和2020年分别达到65.32%、72.39%。

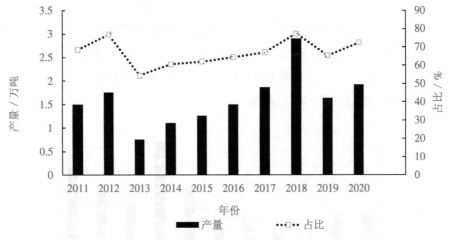

图4-14　邢台县板栗产量时序分布

注：2020年数据为邢台市信都区数据。

第5章　板栗国际贸易网络分析

　　世界上许多国家和地区都有食用板栗的习惯。受种植要素、资源禀赋的影响，板栗的种植地集中在亚洲和欧洲，其出口、进口国家（地区）如何构成，贸易网络结构及变化有何规律，值得深入研究。基于此，本书基于1988—2021年的板栗贸易数据资料，构建全球板栗贸易网络，以考察板栗贸易网络总体特征、贸易核心国的相对地位及其演化特征。并重点测度和分析我国进出口贸易网络特征及我国对主要出口国市场的依赖变迁，以此分析有价值的合作伙伴及贸易结构优化趋向，为我国拓展板栗贸易多元化渠道、提高贸易的稳定性及掌握贸易主动权提供参考。

5.1 板栗贸易网络构建

　　基于UN Comtrade数据库，本书中的板栗主要指的是《商品名称及编码协调制度的国际公约》（简称HS编码）中的HS080240、HS080241、HS080242。运用复杂网络理论，构建全球板栗贸易网络。其中，节点为国家（地区），以出口国（地区）为起始节点，用向量 $I=[i](i=1,2,\cdots,n)$ 表示。目的节点则为出口目的国（地区），用向量 $J=[j](j=1,2,\cdots,n)$ 表示。本书构建的网络为有向加权网络，在该网络中，用权重矩阵 $W=[w_{ij}]$ 表示节点i与j之间的板栗贸易关系，其中，w_{ij} 为i国家（地区）向j国家（地区）的出口值。为保证网络的完整性，本书没有排除过小的贸易值。检索数据时间分布为1996—2021年。

5.2 测度指标

5.2.1 中心性指标

复杂网络测度指标可细分为中心性、联通性两大类。其中，中心性指标用以描述网络节点地位及其影响力，而连通性指标以整体网络作为研究对象，能够反映贸易网络密度及其结构特征。

中心性指标具体分为中心度、点强度和中心势三类。

（1）中心度

中心度从节点贸易联系测度节点在网络中的角色、地位。中心度包括点度中心度、中间中心度和接近中心度三个指标。

①点度中心度。在有向平权网络中，点度中心度又可分为点入度中心度和点出度中心度，分别表示进口来源国家数量和出口去向国家数量。某国点入度中心度越大，表明该国的进口整合能力越强。而点出度中心度越大，表明该国的出口辐射能力越强。

$$D_{out}\,(n_i)\,\frac{\sum_{j=1}^{l} m_{ij,out}}{k-1} \tag{5-1}$$

$$D_{in}\,(n_i)\,\frac{\sum_{j=1}^{l} m_{ij,in}}{k-1} \tag{5-2}$$

式中，i为板栗贸易参与国（地区）。$D_{out}(n_i)$、$D_{in}\,(n_i)$分别为出度、入度中心度值。$m_{ij,out}$、$m_{ij,in}$分别为国家i到j出口、进口方向的联系。k为国家数量。

②中间中心度。节点i的中间中心度定义为网络中节点对j与s之间最短路径经过节点i的条数占所有最短路径数的比例。中间中心度大于0的成员为"桥梁国家"，对贸易网络拥有较高的控制程度，可以将不同的节点联系起来，促进不同节点之间的接触交流，从而增大商品在网络中流动的可能性和速度。中间中心度是指节点国家对其他国家控制力的测度，用于衡量节点国家是否处于其他两国间相互联系的测量路径上的指标。

节点i的中间中心度的值越大，该节点在网络中越重要。如公式（5-3）所示。

$$BC_i = \sum_{i \neq i \neq s} \frac{n_{js}^i}{g_{js}} \qquad (5\text{-}3)$$

式中，n_{js}^i 表示对 j 与 s 之间经过节点 i 的条数，g_{js} 表示节点对 j 与 s 之间存在的所有最短路径的条数。

③接近中心度。节点 i 的接近中心度（CC_i）定义为其到网络中其他所有节点距离之和的倒数，如公式（5-4）所示。理论上，节点 i 的接近中心度越大，表明其在网络中的相对地位越重要，在贸易中不受其他贸易国控制。

$$CC_i = \frac{1}{d_i} = \frac{N}{\sum_{j=1}^{N} d_{ij}} \qquad (5\text{-}4)$$

式中，d_i 表示节点 i 到网络中所有节点的距离的平均值，d_{ij} 表示为节点 i 到 j 的距离，N 表示与节点 i 相连接的节点的个数。

（2）点强度

在有向加权网络中，点强度可分为点入强度中心度和点出强度中心度。入强度代表的是一国的粮食进口值，出强度代表的是一国的粮食出口值。

（3）中心势

整个网络的中心化程度，可以用中心势测度。中心势为网络中节点的最大中心度值与其他节点的对应中心值度差值的总和，与之在理论上差值总和的最大值的比值。本书中，主要使用出度中心势、入度中心势、中间中心势指标。其中，出度中心势越大，代表不同出口国粮食出口目的市场数量差异越大，核心出口国较为集中。入度中心势越小，则代表各进口国的贸易伙伴差异较小、进口来源国相对集中。中间中心势越大，整体网络向具有高中间桥接能力的点集中趋势越大。

5.2.2 连通性指标

连通性指标主要分为两类，一类是衡量节点间关联程度的指标，即网络密度；另一类是衡量网络信息传递效率的指标，包括平均聚类系数、平均路径长度等。

（1）网络密度

粮食贸易网络用二值网络中节点之间的连通性来反映网络的紧密程度，

如公式（5-5）所示。

$$DS = \frac{M}{N(N-1)} \tag{5-5}$$

式中，M为网络中实际存在的边数，N为网络的节点数。DS取值范围为[0,1]。密度可测算整体网络中各国之间贸易联系的紧密程度，取值范围为0~1，密度值越大，各国之间的贸易联系越密切。

（2）平均聚类系数

聚类系数是指一个国家的伙伴之间存在贸易关系的可能性，反映了贸易伙伴之间的连通性，是贸易组团内部各节点间连接程度的指标，其取值范围为[0,1]。所有节点聚类系数平均值称为平均聚类系数$\bar{C}$，反映整个网络节点周围的平均聚集程度，如公式（5-6）所示。

$$\bar{C} = \frac{1}{n}\sum_{i=1}^{n}\frac{e_i}{k_i(k_i-1)} \tag{5-6}$$

式中，k_i表示节点i的节点度；e_i表示i的k_i个邻居间边的数量。

（3）平均路径长度

通过计算网络中全部节点对之间捷径距离的平均值，以此测度整体网络结构的传输效率。越短的平均路径长度说明运输效率越高，如公式（5-7）所示。

$$l = \frac{1}{n(n-1)}\sum_i\sum_j d(i,j) \tag{5-7}$$

式中，$d(i,j)$表示网络中节点i和节点j之间的最短路径。

5.3 结果分析

5.3.1 全球板栗贸易发展历程

如图5-1所示，1988—2021年，世界板栗贸易经历了增长—下降—增长—下降的发展态势，呈现"M"形走势。1988年为历史最低值，为0.89亿美元。1988—1994年，除1991年，整体呈现增长态势。1989年板栗世界贸易值增长至0.93亿美元。而1990年，当年贸易值就增长至1.21亿美元。相比之下，

1991 年虽有所减少，但也达到了 1.17 亿美元。1992 年和 1993 年继续保持增长态势，贸易值分别为 1.75 亿美元、1.95 亿美元，1994 年更是达到了 3.06 亿美元。此后，1995—2011 年的 17 年中，年贸易值均不足 3 亿美元。其中，从1995—2005 年，总体呈现波动下降态势，2005 年当年贸易值为 1992—2021 年的最低值，仅有 1.88 亿美元。此后，一直到 2014 年，总体处于再上升阶段。其中，2006—2011 年，年贸易值在 2 亿美元至 2.68 亿美元之间。2012 年和 2013年超过 3 亿美元，分别达到了 3.32 亿美元、3.93 亿美元。2014 年的贸易值达到研究期内最高点，为 4.22 亿美元。该数值为研究期内最低值的 4.74 倍。其后，贸易值进入再下降阶段，但年贸易额均保持在高于 3 亿美元，其中 2018 年达到 3.61 亿美元。2020 年达到了 3.01 亿美元。2021 年则为 3.07 亿美元。

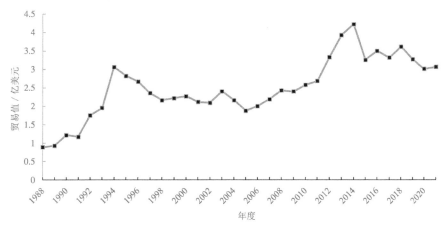

图5-1　1988—2021年世界板栗贸易值走势

5.3.2 贸易网络整体结构分析

（1）参与全球板栗贸易的国家和地区数量及联系不断增加，但网络呈现"碎片化"特征

如表5-1、图5-2所示，研究期内，网络规模、直接贸易网络联系不断增加，网络多元化趋势增强。板栗在全球的流动规模和配置空间逐步拓展和深化。在几个阶段中，相比于网络规模变异，网络中联系变异程度更大，表明

国家间的贸易直接联系更加复杂、变动性强。首先，网络规模、联系数量整体呈增长态势，表明参与全球板栗贸易的国家和地区数量显著增加，主体间直接联系增加。1988—1992年，全球参与板栗贸易的主体数量为62个，其后的1993—1997年增长至96个，而1998—2002年又增长至106个。2003—2007年、2008—2012年的网络规模保持稳定态势，参与贸易的主体分别为114个和113个。2013—2017年，主体数量增长至研究期内最高值，为143个。而2018—2021年，虽下降至131个，但依然处于较高水平。其次，不同阶段，主体间直接贸易联系数量与贸易主体变化趋势一致。1988—1992年连线数量最少，为135条，此后的2013—2017年，连线数量持续增长，1998—2002年达到330条，而2008—2012年突破400条，达到了421条。2013—2017年，参与贸易的主体数量达到最多，连线数量也达到最高值501条。2018—2021年，随着主体数量的减少，连线也减少至478条。

表 5-1　全球板栗贸易网络特征值

指标	1988—1992	1993—1997	1998—2002	2003—2007	2008—2012	2013—2017	2018—2021
网络规模	62	96	106	114	113	143	131
网络密度	0.072	0.064	0.06	0.06	0.066	0.05	0.056
连线	135	290	330	382	421	501	478
出度中心势	0.53	0.44	0.49	0.43	0.43	0.41	0.38
入度中心势	0.097	0.08	0.08	0.09	0.09	0.067	0.065
中介中心势	0.02	0.07	0.05	0.03	0.03	0.019	0.02

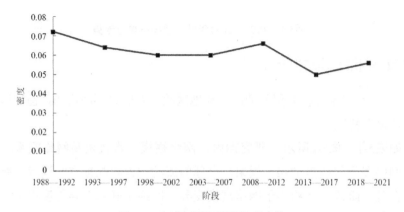

图5-2　全球板栗贸易网络密度值

综合考虑节点与连线数量，国家之间的贸易联系较为分散，全球板栗贸易呈现"碎片化"特征。与网络规模、连线变动趋势相比，板栗贸易网络的网络密度处于较低水平，且小幅度下降。板栗贸易网络密度值从1988—1992年的0.072，到其后的4个阶段基本保持在0.06上下，2013—2017年微弱下降至0.05上下。一方面，意味着各国的贸易伙伴相对集中，板栗贸易联系尚未交织成密集网络；另一方面，表明网络中贸易关系的增加速度小于网络节点增加的速度，主体间仍有较大的合作空间。

（2）进出口国家结构不对称，网络去中心化程度加强

中心势指标测度了网络向中心节点集聚的程度。通过出度和入度中心势分析，可知全球板栗贸易中，向核心出口国及进口国集聚的趋势逐渐降低，去中心化趋势明显。如图5-3所示，出度中心势在1988—1992年达到最高值，为0.53，其后逐渐降低，2018—2021年为0.38，表明板栗出口国更趋分散。而入度中心势也是在1988—1992年达到最高值0.097，其后逐渐下降，从在0.09上下波动，到2018—2021年下降至0.065，与出口国去中心化趋势呈现一致性。

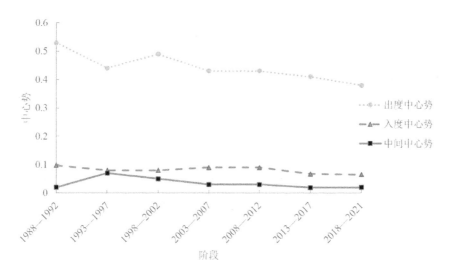

图5-3　全球板栗贸易网络中心势值

在同一时期，出度中心势远远高于入度中心势，表明板栗出口贸易更大

程度上集中于少部分国家和地区，板栗贸易网络受出口国家影响更强。而进口的集中程度逐渐弱化，板栗进口国家和地区更趋多元，网络均衡性增强。中间中心势在1993—1997年达到最高值后，逐渐下降，也说明在板栗贸易网络中桥梁核心节点的作用逐渐削弱，网络去中心化趋势加强。

（3）单一进口国家数量呈现增长，出口兼进口国家数量稳定

本书中，按照板栗贸易流向，将参与板栗贸易国家（地区）分为四种类型。其中，出口兼进口国家（地区）为既有板栗进口国家（地区），也有板栗出口的国家（地区）。单一进口国家（地区）为仅有板栗进口，没有板栗出口的国家（地区）。单一出口国家（地区）为仅有板栗出口，而没有板栗进口的国家（地区）。进口国家（地区）为有板栗进口的国家（地区）。出口国家（地区）为有板栗出口的国家（地区）。

本书中，板栗出口国家（地区）数量与出口兼进口国家（地区）数量相同，而单一出口国家（地区）数量为零。参与全球板栗贸易国家（地区）中，板栗出口国家（地区）数量与出口兼进口国家（地区）数量较稳定，从1988—1992年的11个，到1993—1997年和1998—2002年均为16个，此后的四个阶段均为17个。而进口国家（地区）数量呈现动态变化。从第一至第六个阶段，进口国家（地区）数量平稳增加，从1988—1992年的59个，到1993—1997年增加至96个。此后两个阶段，数量虽呈现增长态势，但仅有少量增加。1998—2002年达到了109个，2003—2007年则增加至115个。2008—2012年为114个。2013—2017年，进口国家（地区）数量达到最高值，为145个，是1988—1992年对应数量的2.5倍。2018—2021年，进口国家（地区）数量下降至131个。

进口国家（地区）中，单一进口国家占比一直高于81%。从1988—1992年的数量最少，为48个。1993—1997年、1998—2002年分别增长为80个、93个。2003—2007年、2008—2012年则分别达到了98个、97个。2013—2017年，单一进口国家（地区）数量达到最高值，为128个。而2018—2021年，单一进口国家（地区）数量也有所下降，为114个。

（4）网络局部聚类紧密，贸易效率有所提高

全球板栗贸易网络局部聚类性趋于紧密，且贸易效率有所提高。如图5-4

所示，研究期内，全球板栗贸易网络的平均聚类系数整体呈增长趋势，从1988—1992年的研究期内最低值0.193，到其后三个阶段增长为0.3至0.4之间，而其后又增加至0.4以上，表明越来越多贸易参与国之间的"朋友圈"存在重叠。同时，全球板栗贸易网络平均特征路径长度呈现缩短倾向，且逐渐趋近于2，这意味着贸易参与国之间仅需通过一个中间国便可实现网络连通，反映出世界板栗贸易网络具备较高的贸易实现效率。

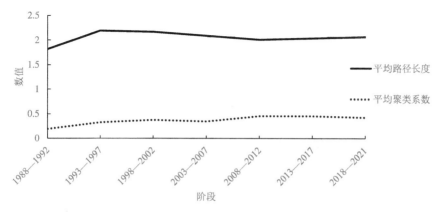

图5-4 板栗贸易网络平均路径长度及平均聚类系数

（5）网络核心国家分布呈现空间集聚性

板栗贸易排名前十的国家呈现出地理集聚性，集中在亚洲的中国、韩国、日本，以及欧洲的意大利、法国、德国、瑞士、葡萄牙、土耳其、西班牙。1988—2021年，前十贸易大国中，按总贸易值排序，国家间呈现梯次分布。前三位分别是意大利、日本、中国，贸易值均超过220亿美元。其次，韩国、法国分别为187亿美元、100亿美元。而葡萄牙、西班牙贸易值分别为88亿美元、85亿美元。而细分到不同阶段，第一大贸易国呈现三国交替的格局。1988—2002年，日本始终是最大贸易国，2003—2007年，中国取代日本成为第一大贸易国，2008—2021年，意大利始终占据板栗第一大贸易国的地位。

如图5-5所示，板栗主要出口国也具有较强的空间集聚性，主要集中于亚洲、欧洲、南美洲。亚洲有中国、韩国、日本；欧洲包含的国家有意大利、葡萄牙、西班牙、土耳其、法国、希腊；南美洲的智利也是板栗主要出口国。按总体出口值大小排序，中国、韩国、意大利为前三位出口国，出口值分别为21亿美元、18亿美元、17.4亿美元，且三国出口值占出口总值的比例分别为25.4%、21.7%、21%。总体上，三国出口值之和占出口总值的比例已达68.1%。其后，从第四、五位开始，出口值均不足10亿美元。其中，位居第四位的葡萄牙、西班牙出口值分别为8.2亿美元、6.3亿美元，出口值占出口总值的比例分别为9.9%、7.5%。土耳其、法国位居第六、第七位，出口值进一步下降，分别为4.5亿美元、3.1亿美元，出口值占出口总值的比例分别为5.5%、3.8%。希腊板栗出口值、出口值占出口总值的比例分别仅为1.1亿美元、1.4%。智利、日本板栗出口值则不足1亿美元，分别为0.6亿美元、0.59亿美元，出口值占出口总值的比例均不足1%。

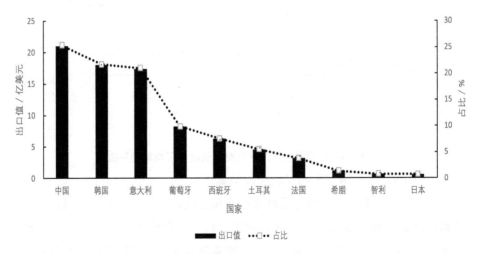

图5-5　板栗前十出口国分布

5.3.3 板栗贸易主要出口国（地区）贸易分析

如图5-6所示，在板栗主要出口国中，中国属于稳定且上升型国家。1988—2012年的前五个阶段，一直稳居第二大出口国。2013—2021年的两个阶段，上升至第一大出口国。韩国属于典型的位序大幅滑落型国家，1988—2002年的前三个阶段，一直是第一大出口国。但其后，每个阶段，位序下滑，从2003—2007年的第三位，到2008—2012年下滑至第四位，2013—2017年又滑落至第六位。2018—2021年，韩国出口国位序下降至第九位。意大利的出口国位序呈现阶段稳定保持，从1993—2002年的第三位，到2003—2012年的第一位，再到2013—2021年为第二位。葡萄牙属于稳定保持型出口国家。除1993—2007年的三个阶段，位居第四位。其他时间，葡萄牙均为板栗第三大出口国。西班牙位序在第四至第六间波动。土耳其在前三个阶段和后两个阶段，均处于第五位，2003—2012年，位序下滑至第六和第七位。法国也属于稳定性出口国家，其位序维持在六、七位之间。希腊位序变动呈"V"形，1988—1992年为第七位，其后逐渐下降，到2003—2007年位序降至十位。其后，位序又逐渐上升，到2018—2021年又回归第七位。智利的位序变化呈"W"形。1998—1992年，为第六出口国，1993—2017年波动在第九至第十位之间。2018—2021年，智利为第八位出口国。日本位序则在第八至十之间波动。

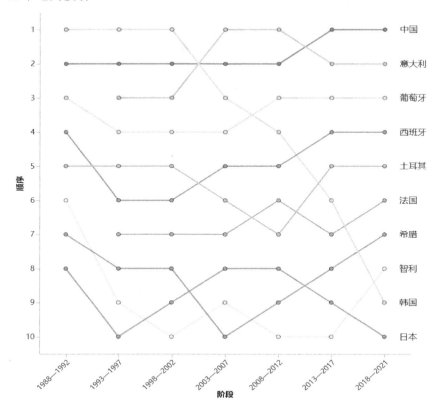

图5-6　板栗十大出口国出口值顺序演变

（1）中国

如图5-7所示，1988—1992年，中国板栗出口值为0.5亿美元，占全球板栗出口总值的比例达到8.5%。其后，1993—1997年、1998—2002年中国板栗出口值大幅度增加，分别达到了3.7亿美元、3.1亿美元，占全球板栗出口总值的比例也增长为52.4%、29.2%。2003—2007年，与前一阶段相比，中国板栗的出口值有所下降，为2.95亿美元，占全球板栗出口总值的比例也下降至28.3%。此后三个阶段，中国板栗出口值一直高于3亿美元，分别为3.7亿美元、3.96亿美元、3.2亿美元，占全球板栗出口总值的比例分别为28.3%、22.3%、24.3%。

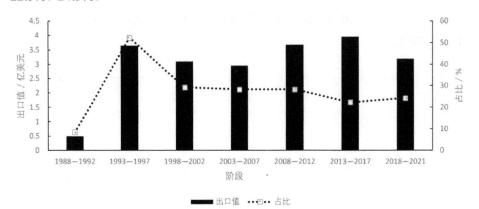

图5-7　中国板栗出口值变化

（2）韩国

如图5-8所示，韩国板栗出口呈现增—降态势。1988—1992年，韩国板栗的出口值达到了4.4亿美元，占全球板栗出口总值的比例也高达74.6%。1993—1997年，韩国板栗的出口值达到研究期内的最高值，为5.24亿美元，占全球板栗出口总值的比例为43.4%。此后，韩国板栗出口值持续下降，从1998—2002年的3.6亿美元，到2003—2007年为1.9亿美元，再到2008—2012年下降至1.4亿美元、2013—2017年则继续降至1亿美元。2018—2021年，韩国的板栗出口值下降至仅有0.4亿美元。随着韩国板栗出口值持续下降，韩国板栗出口占全球板栗出口总值的比例也持续下降，从2003—2007年的18.5%，到2008—2012年下降至10.7%，2013—2017年则继续降至5.8%。2018—2021年，随着韩国板栗出口值下降至研究期内最低值，该国板栗出口占全球板栗出口总值的比例也降至最低值，仅有3.2%。

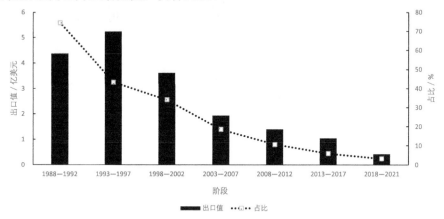

图5-8　韩国板栗出口值变化

（3）意大利

如图5-9所示，意大利板栗出口呈现先增后降的态势。1988—1992年，意大利的板栗出口值为0。1993—1997年、1998—2002年，意大利的板栗出口值分别为1.8亿美元、2.2亿美元，占全球板栗出口总值的比例则分别为25.5%、20.7%。其后，持续三个阶段，意大利的板栗出口值均超过3亿美元，分别为3.04亿美元、3.8亿美元、3.7亿美元，占全球板栗出口总值的比例则分别29.1%、29.2%、20.7%。2018—2021年，意大利的板栗出口值下降至2.9亿美元，占全球板栗出口总值的比例为22.3%。

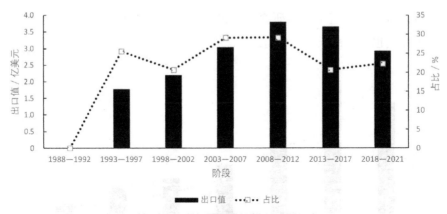

图5-9　意大利板栗出口值变化

（4）葡萄牙

如图5-10所示，前六个阶段，葡萄牙板栗出口持续增加。从1988—1992年的0.45亿美元，到1993—1997年0.48亿美元，1998—2002年增长至0.6亿美元，2003—2007年又增长至0.78亿美元。2008—2012年、2013—2017年，分别增长为1.43亿美元、2.93亿美元。葡萄牙的板栗出口占全球板栗出口总值的比例在1993—1997年为研究期内最低值，为4%。在2008—2012年后均高于10%。2013—2017年，葡萄牙的板栗出口占全球板栗出口总值的比例达到研究期内最高值，为16.5%。

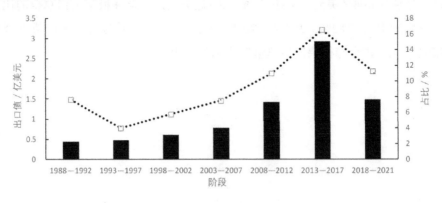

图5-10　葡萄牙板栗出口值变化

（5）西班牙

如图5-11所示，前三个阶段，西班牙板栗出口值在0.3亿美元至0.4亿美元之间波动。占比从1988—1992年的6.2%，到1993—1997年和1998—2002年分别下降为2.7%、3.7%。2003—2007年和2008—2012年，出口值分别上升为0.67亿美元、0.87亿美元，占比则分别达到了6.4%、6.7%。2013—2017年，西班牙的板栗出口值和占比达到了研究期内最高值，分别为2.24亿美元和12.6%。2018—2021年，板栗出口值下降至1.4亿美元，占比为10.6%。

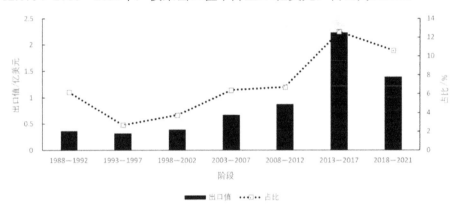

图5-11　西班牙板栗出口值变化

（6）土耳其

如图5-12所示，研究期内，1988—1992年，土耳其板栗出口值最低，为0.17亿美元，而板栗出口占全球板栗出口总值的比例也最低，为2.8%。此后的四个阶段，土耳其的板栗出口值均在0.4亿美元上下波动，而板栗出口占全球板栗出口总值的比例在3.1%至4.2%之间波动。2013—2017年和2018—2021年，土耳其的板栗出口值分别上升为1.36亿美元、1.39亿美元，占比分别为7.7%和10.5%。

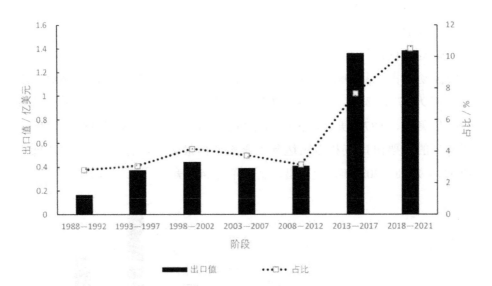

图5-12　土耳其板栗出口值变化

（7）法国

如图5-13所示，1988—1992年，法国没有板栗出口。1993—1997年和1998—2002年，法国的板栗出口值分别为0.15亿美元、0.19亿美元，占比分别为1.2%和1.8%。此后连续三个阶段，法国的板栗出口值分别上升为0.39亿美元、0.67亿美元、0.95亿美元，占比也分别达到3.7%、5.1%和5.4%。2018—2021年，法国的板栗出口值有所下降，为0.76亿美元，但占比达到了研究期内最高值，为5.8%。

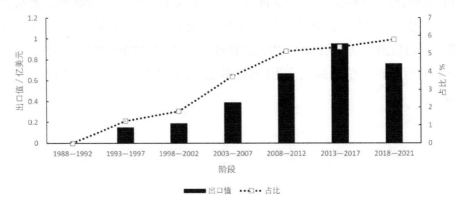

图5-13　法国板栗出口值变化

（8）希腊

如图 5-14 所示，1988—1992 年，希腊的板栗出口值处于研究期内最低值，仅有 11 万美元，占比为 0.02%。此后的三阶段，出口值均为 0.01 亿美元，占比不到 0.1%。2013—2017 年和 2018—2021 年，希腊的板栗出口明显增加，分别达到了 0.52 亿美元、0.53 亿美元，占比也分别增长为 3% 和 4.1%。

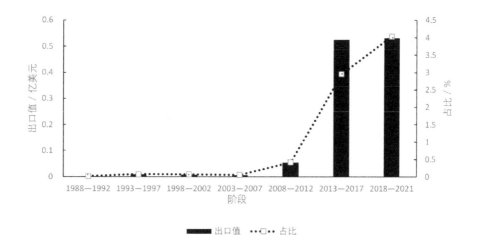

图5-14 希腊板栗出口值变化

（9）智利

如图5-15所示，前三个阶段，智利的板栗出口值在18万美元至48万美元之间波动，占比均不足0.1%。此后，智利板栗出口呈现较快的增长，从2003—2007年的0.01亿美元，到2013—2017年增长至0.12亿美元。2018—2021年，智利的板栗出口值达到了研究期内最高值，为0.45亿美元，占比也达到了3.4%。

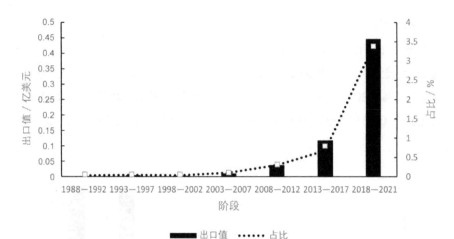

图5-15　智利板栗出口值变化

（10）日本

如图5-16所示，前三个阶段，日本的板栗出口处于较低水平，1988—1992年和1993—1997年，出口值分别为2.9万美元和7.7万美元，占比也不足0.01%。此后三阶段，日本的板栗出口继续保持增长态势，并在2008—2012年达到研究期内最高值0.22亿美元，占比也达到了1.7%。2013—2017年和2018—2021年，日本的板栗出口值有所下降，分别为0.17亿美元和0.11亿美元，占比也均低至0.9%上下。

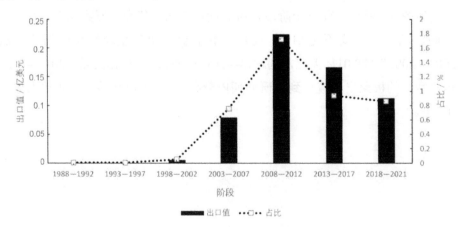

图5-16　日本板栗出口值变化

5.3.4 板栗贸易主要进口国（地区）贸易分析

如图5-17所示，从进口总值衡量，板栗十大进口国（地区）分布也呈现局部集中的分布格局，集中分布在亚洲、欧洲、美洲。其中，亚洲的进口国家（地区）包括中国、日本、泰国、中国台湾。从进口总值分析，日本进口值高达24.3亿美元，占全球板栗进口总值的比例达29.4%，是第二大进口国（意大利）总值的2.6倍。法国、德国、中国分别是第三至第五位进口大国，进口值分别为日本的28.7%、19.3%、16.1%。瑞士、美国、中国台湾、奥地利的板栗进口值占全球进口总值的比例在3%至4.7%之间。排在第十位的西班牙，其板栗进口总值为2.3亿，不足日本进口值的10%。

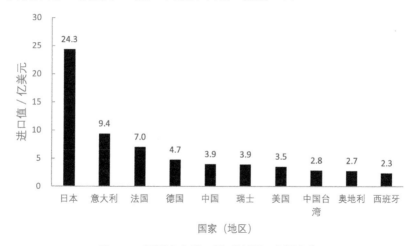

图5-17　板栗十大进口国（地区）空间分布

不同阶段，最大进口国呈现稳中有变态势。如图5-18所示，日本属于顺序从平稳保持到大幅下滑型国家。从1988—2012年，长达五个阶段，日本一直是最大进口国。而2013年后，意大利取代日本，成为第一大进口国。日本则在2013—2017年下降至第六位，2018—2021年又继续下滑至第九位。法国进口国顺序保持平稳，前三个阶段一直稳居第二位，其后，在第二或三位之间波动。德国属于上升型进口国家，从前五个阶段的第五、六位，到2013—2017年上升为第三位，而2018—2021年更是上升至第二位。西班牙进口国顺序变动呈现"U"形分布。第一阶段，1988—1992年西班牙位列第四大进口国，中间五个阶段，则下滑至第八、九位之间，2018—2021年，西班牙又重新位列第四大进口国。意大利总体顺序波动上升，从1988—1992年位列第三位，此后三个阶段在第六、七位之间波动。2008—2012年，西班牙上升至第四位进口国，而2013—2017年、2018—2021年上升为第一大进口国。瑞士的进口国顺序变化较平稳，除1988—1992年位列第八位，其他阶段均在第四至第六位之间波动。美国的进口国顺序整体呈下降态势，前四个阶段处于第三至第五位之间，后三个阶段则降至第七、八位之间。中国进口国家的位序呈现倒"V"形。前三个阶段在第八至第十位之间，2003—2007年位列第二位，2008—2012年、2013—2017年分别降至第三、四位，2018—2021年又继续下降至第八位。中国台湾进口地位序保持平稳，除1988—1992年位列第九位，其他时期均为第十位进口地区。

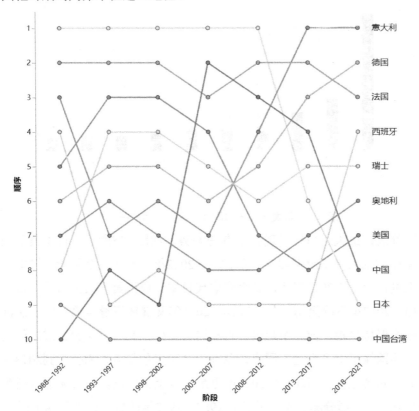

图5-18　板栗十大进口国（地区）进口值顺序演变

（1）日本

如图5-19所示，七个阶段中，日本的进口板栗值呈现前多后少的变化态势。前三个阶段，进口值位于4.7亿美元至8.3亿美元之间，1993—1997年达到了研究阶段最高值8.3亿美元。自1997年后，进口值呈现持续下降态势。1998—2002年，进口值5.9亿美元，为前一阶段的71%。2003—2007年进口值继续下降至2.6亿美元，为1998—2002年的44%。而2008—2012年和2013—2017年持续分别下降至1.6亿美元和0.85亿美元。2018—2021年，下降至研究期内最低值，仅有0.4亿美元，比 1993—1997年最大值时期减少了65%。随着进口值的变化，日本的进口板栗占全球板栗进口总值的比重持续减少，从1988—1992年的81%，到1993—1997年降为70.6%，1998—2002年降至57.8%。2003—2007年2008—2012年分别降至26.1%和13%。而随着2013—2017年、2018—2021年日本的进口板栗值大幅下降，该国占全球板栗进口总值的比重分别下降为5%和3.1%。

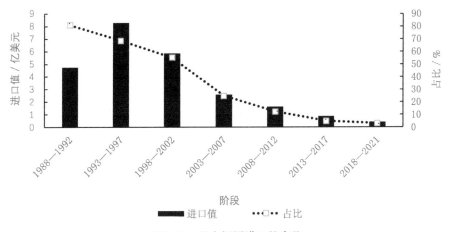

图5-19　日本板栗进口值变化

（2）意大利

如图5-20所示，总体上，前六个阶段，意大利的板栗进口呈现增加态势，在2018—2021年，比前一阶段减少。1988—1992年、1993—1997年，意大利的板栗进口值均接近0.2亿美元。1998—2002年，意大利的板栗进口值增长为0.31亿美元。2003—2007年，意大利的板栗进口继续保持增加态势，该阶段进口值达到了0.5亿美元，为前一阶段的1.6倍。2008—2012年则增长为2003—2007年的2.1倍。2013—2017年，意大利的板栗进口达到研究期内最高值，为4.25亿美元，达到前一阶段的4.1倍，是前五个阶段意大利的板栗进口值总和的1.9倍。2018—2021年，意大利的板栗进口呈现下降态势，进口板栗贸易值仅为前一阶段的68.1%，但依然高于1988—2012年意大利板的栗进口值总和。

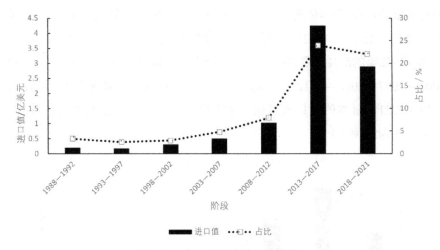

图5-20 意大利板栗进口值变化

从占同阶段全球板栗进口值总和的比例看，呈升—降变化态势。1988—1992年、1993—1997年和1998—2002年，占比值集中在2.5%至3.3%之间。2003—2007年、2008—2012年，分别增长为4.8 %、7.9 %。2013—2017年，随着意大利的板栗进口值达到研究期内最高值，该国板栗进口值占全球板栗进口总值的比重也达到了最高值，为24%。2018—2021年，意大利的板栗进口值占全球板栗进口总值的比重稍有下降，为22%。

（3）法国

如图5-21所示，前六个阶段中，法国的板栗进口值呈现持续增加态势。从1988—1992年的0.27 亿美元，到1993—1997年和1998—2002年分别增长为0.57 亿美元、0.69亿美元，2003—2007年又达到了0.88亿美元。2008—2012年，法国的板栗进口值达到了前一阶段的1.5倍。2013—2017年，法国的板栗进口值达到研究期内最高值，为2.13亿美元。2018—2021年，进口值有所下降，为1.08亿美元，但依然高于2007年之间各阶段的对应值。

法国的板栗进口值占全球板栗进口总值的比重呈现两轮升—降变化态势。从1988—1992年的4.7%，到1993—1997年增加至8.1%。到1998—2002年，又下降至6.5%。此后四个阶段，持续增加，到2008—2012年达到了10.4%，2013—2017年又增加至12%。2018—2021年则下降至8.2%。

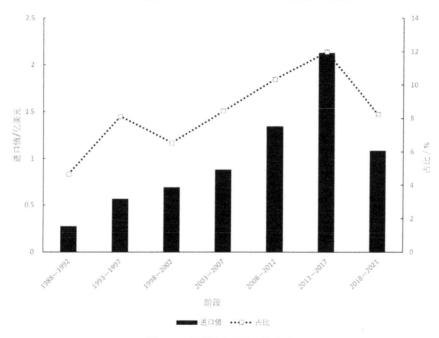

图5-21　法国板栗进口值变化

（4）德国

如图5-22所示，前六个阶段，德国的板栗进口值也是呈现持续增加态势。从1988—1992年的仅有0.04亿美元，到1993—1997年、1998—2002年分别增长为0.3亿美元和0.34亿美元。2003—2007年、2008—2012年又分别增长为0.5亿美元、0.9亿美元。2013—2017年，德国的板栗进口值达到研究期内最高值，为1.4亿美元。其后，2018—2021年，虽下降至1.2亿美元，但也高于前五个阶段的对应值。

从德国的板栗进口值占全球板栗进口总值的比重变化分析，一直持续上升。1988—1992年为研究期内最低值，仅为0.28%。1993—1997年上升至2.52%。其后，1998—2002年上升至3.32%。其后三个阶段，比重值分别增长为5.34%、7.26%、8.19%。2018—2021年，比重值达到研究期内最高值，为9.75%。

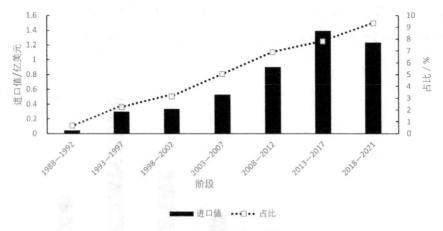

图5-22 德国板栗进口值变化

（5）中国

如图5-23所示，1988—1992年，中国没有板栗进口，为单一板栗出口国家。而1993—1997年、1998—2002年的进口数量不多，分别为0.1亿美元、0.14亿美元，占全球板栗进口总值的比例也分别仅为0.9%、1.4%。2003—2007年，中国的板栗进口总值增长至1.1亿美元，占全球板栗进口总值的比例达到了研究期内最高值，为11.2%。而2008—2012年，中国板栗进口总值达到研究期内最高值1.15亿美元，该阶段随着全球板栗进口总值增长至12.4亿美元，中国占比下降至9.3%。此后两阶段，中国的板栗进口值持续下降，分别达到了0.96亿美元、0.46亿美元，中国占比也分别下降至5.6%和3.6%。

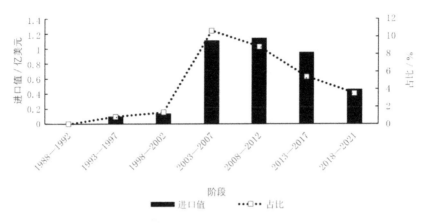

图5-23　中国板栗进口值变化

（6）瑞士

如图5-24所示，前六个阶段中，瑞士的板栗进口值呈现持续增加态势。从1988—1992年的31.6万美元，到1993—1997年、1998—2002年分别增长为0.38亿美元、0.39亿美元。其后，2003—2007年、2008—2012年又分别增加为0.56亿美元、0.88亿美元。2013—2017年，瑞士的板栗进口值达到研究期内最高值0.93亿美元。而在2018—2021年，瑞士的板栗进口值下降至0.72亿美元。1988—1992年，瑞士的板栗进口值占全球板栗进口总值的比重最低，仅有0.05%。其后，占比值波动变化，2008—2012年达到最高值7.08%。2013—2017年、2018—2021年有所下降，分别为5.49%、5.71%。

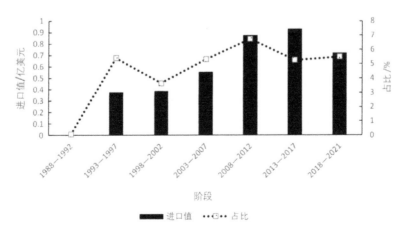

图5-24　瑞士板栗进口值及变化

（7）美国

如图5-25所示，1988—1992年，美国的板栗进口值最低，为0.04亿美元，占比也仅为0.7%。此后四个阶段，美国的板栗进口值持续增加，占比在5.3%至6%之间波动。2013—2017年，与前一阶段相比，美国的板栗进口值虽继续增长，但占比却下降至3.94%。2018—2021年，与前一阶段相比，美国的板栗进口值、占比均下降，其中进口值减少为0.47亿美元，占比为3.55%。

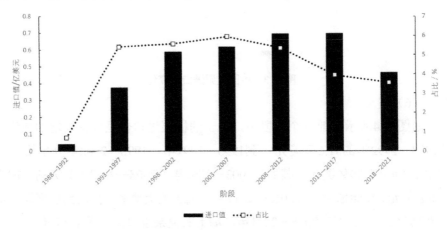

图5-25　美国板栗进口值变化

（8）中国台湾

如图5-26所示，前六个阶段中，中国台湾的板栗进口呈现持续增加的态势。1988—1992年，进口值最少，仅为0.01亿美元，当年占全球板栗进口总值的比例也仅为0.18%。1993—1997年、1998—2002年的进口值分别上升为0.08亿美元和0.39亿美元，占全球板栗进口总值的比例也分别上升为1.13%和3.71%。2003—2007年、2008—2012年的进口值又持续增加，分别达到0.53亿美元、0.6亿美元，占全球板栗进口总值的比例分别为5.12%和4.61%。2013—2017年，中国台湾的板栗进口达到研究期内最高值，为0.75亿美元，该阶段占全球板栗进口总值的比例也达到最高值，为4.21%。2018—2021年，随着中国台湾的板栗进口值下降至0.49亿美元，占全球板栗进口总值的比例也降至3.7%。

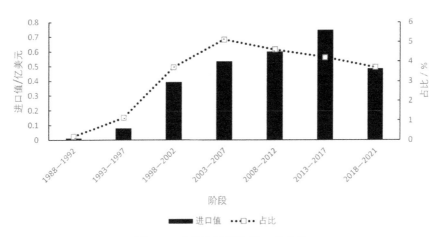

图5-26　中国台湾板栗进口值变化

（9）奥地利

如图5-27所示，前六个阶段中，奥地利的板栗进口持续增加。1988—1992年，进口值最少，仅为69.96万美元，当年占全球板栗进口总值的比例也仅为0.12%。1993—1997年、1998—2002年的进口值分别上升为0.21亿美元和0.25亿美元，占全球板栗进口总值的比例也分别上升为3%和2.31%。2003—2007年、2008—2012年的进口值又持续增加，分别为0.39亿美元、0.67亿美元，占全球板栗进口总值的比例分别为3.76%和5.13%。2013—2017年，奥地

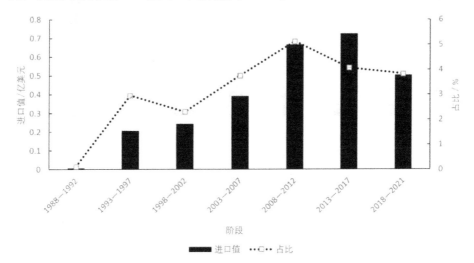

图5-27　奥地利板栗进口值变化

利的板栗进口达到研究期内最高值，为 0.72 亿美元，该阶段占全球板栗进口总值的比例也达到 4.08%。2018—2021 年，奥地利的板栗进口值下降至 0.5 亿美元，占全球板栗进口总值的比例也降至 3.84%。

（10）西班牙

如图5-28所示，1988—1992年，西班牙的板栗进口值达到640万美元，当年该国占全球板栗进口总值的比例为1.09%。1993—1997年，与前一阶段相比，西班牙的板栗进口值减少至442万美元，当年该国占全球板栗进口总值的比例为0.63%。此后，连续五个阶段，西班牙的板栗进口值持续增加，从1998—2002年的0.15亿美元，到2003—2007年、2008—2012年分别增长为0.31亿美元、0.4亿美元。2003—2007年、2008—2012年西班牙的板栗进口值占全球板栗进口总值的比例也有上升，分别为3.01%、3.08%。2013—2017年，进口值又达到了0.5亿美元。2018—2021年，西班牙的板栗进口值达到研究期内最高值，为0.8亿美元。而该阶段，该国的板栗进口值占全球板栗进口总值的比例也达到了6.45%。

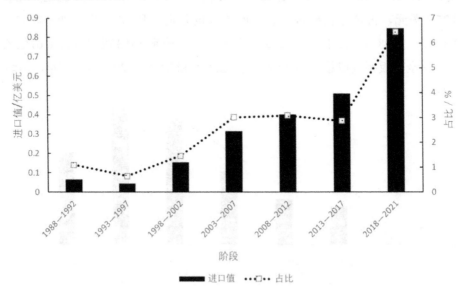

图5-28　西班牙板栗进口值变化

5.3.5 板栗贸易主廊道分析

本书中，定义出口（进口）值大于1 000万美元的为贸易主廊道。如图5-29所示，1988—1992年，贸易主廊道的形成具有明显的地理临近特征。主要出口国集中在亚洲的韩国、中国，欧洲的葡萄牙、西班牙。亚洲的韩国、中国分别向日本出口板栗，贸易值达到了4.33亿美元、0.414亿美元。其中，韩国向日本出口占世界板栗贸易出口总值的比重高达73.9%。而在欧洲，葡萄牙、西班牙同时向法国出口板栗，出口值分别为0.149亿美元、0.124亿美元；西班牙向法国出口板栗的同时，向意大利出口的板栗值达到了0.12亿美元。

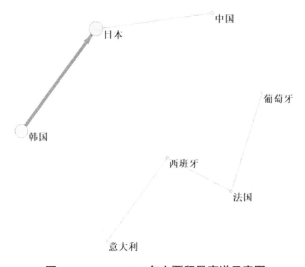

图5-29　1988—1992年主要贸易廊道示意图

如图5-30所示，1993—1997年，主贸易廊道格局进一步拓展。首先，原有贸易廊道继续保持，贸易流量有所增加。韩国向日本出口值继续保持首位，而其出口值从4.33亿美元增加至5.09亿美元，但占全球板栗出口贸易总值的比重大幅缩减至42.2%。中国向日本的出口值则大幅增加至前一阶段的7.39倍。其次，新廊道建立，使得板栗贸易跨越地理临近性限制。此阶段，意大利向日本的出口板栗贸易值达到了0.129亿美元，使得东、西贸易廊道畅通。欧洲各国之间的板栗贸易联系也更为密集，意大利不仅拓展了其向奥地利、德国、法国、瑞士、西班牙的板栗出口，还向美国出口板栗0.274亿美元。葡萄牙则向巴西出口了0.21亿美元的板栗。中国的板栗出口国除了日本，还增加了新加坡，出口值达到了0.12亿美元。

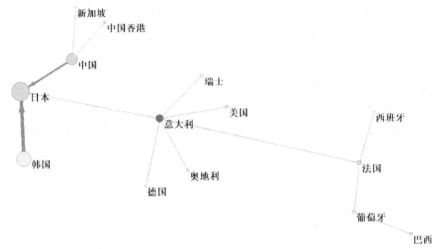

图5-30　1993—1997年主要贸易廊道示意图

如图5-31所示，1998—2002年，亚洲内部板栗贸易主廊道在继续保持的基础之上，有所增加。韩国向日本出口板栗继续保持第一的位置，出口值却仅是前一阶段的65.4%，占全球板栗出口贸易总值的比重继续下滑至31.4%。中国向日本出口也继续保持在第二的位置，但也有所缩减，是前一阶段的78.2%。中国向新加坡的出口值也比前一阶段减少了81万美元。但此阶段，韩国对中国的出口却达到了1.34亿美元。贸易主廊道进一步拓展。韩国向美国出口，意大利向日本及美国出口，葡萄牙向巴西出口，使得板栗贸易更大程度突破了地理临近限制。

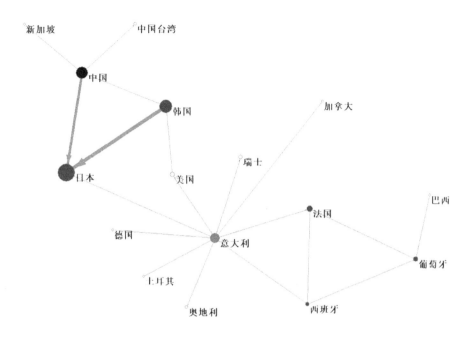

图5-31   1998—2002年主要贸易廊道示意图

如图5-32、图5-33所示，2003—2007年、2008—2012年，贸易主廊道继续在广度、深度上拓展变化。中国向日本出口、韩国向中国出口依然是前两大贸易出口主廊道，但与前一阶段相比，出口值均有所减少，占全球板栗出口贸易总值的比重继续呈现下滑态势，两阶段对应值分别为15%和8.3%。但中国的出口国家数量却从2个（日本、韩国）拓展至9个，主要出口国新增了泰国、荷兰、马来西亚、以色列、阿联酋、沙特阿拉伯、黎巴嫩。意大利板栗出口的主要国家继续保持前一阶段的8个。2008—2012年，日本向中国出口达到了0.22亿美元。

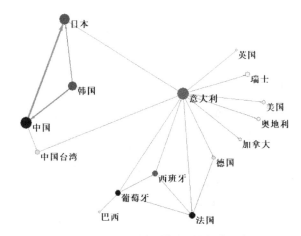

图5-32　2003—2007年主要贸易廊道示意图

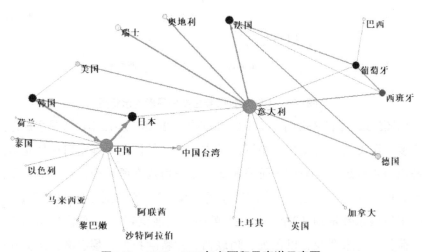

图5-33　2008—2012年主要贸易廊道示意图

贸易主廊道的数量从1988—1992年的5条，到1993—1997年增加至12条，在1998—2002年和2003—2007年，又分别增加为18条、19条。其后，随着板栗贸易增速，贸易主廊道也实现了高速增长，2008—2012年，贸易主廊道增加至29条，2013—2017年，又增加至40条。如图5-34所示，2013—2017年，第一、第二廊道演变成西班牙向意大利出口、葡萄牙向意大利出口，对应出口值占全球板栗出口贸易总值的比重分别为7.4%和6.4%。形成了以中国、意大利为核心的双核板栗贸易网络。其中，中国从4个国家进口，出口至9个国家；意大利从5个国家进口，同时也向9个国家出口。

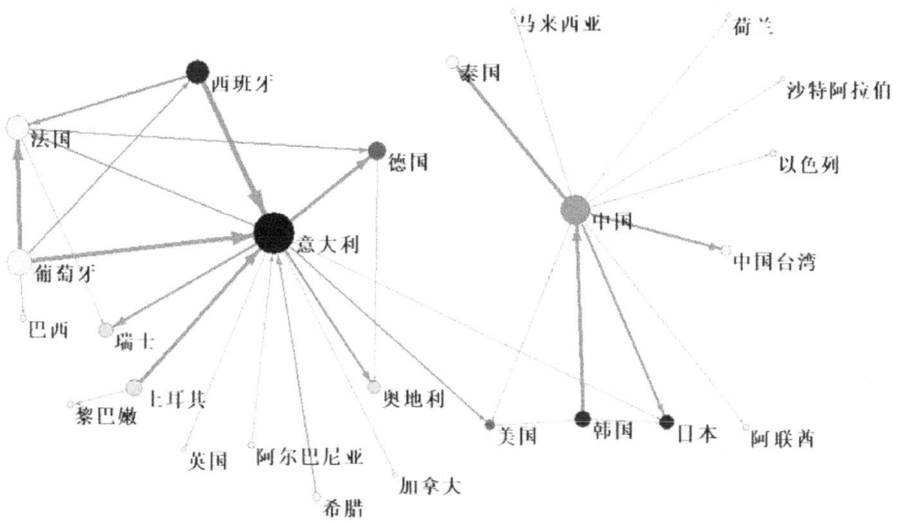

图5-34　2013—2017年主要贸易廊道示意图

如图5-35所示，2018—2021年，贸易主廊道减少至31条。主要廊道继续演化，以土耳其向意大利出口值最多，为1.07亿美元。第二和第三廊道分别为意大利又向德国出口、西班牙向意大利出口。前三廊道出口值占全球板栗出口贸易总值的比重分别为8.2%、5.2%和4.6%。贸易网络继续维持以中国、意大利为核心的东西双核板栗贸易格局。中国向7个国家出口，其中向越南、泰国出口值分别为0.524亿美元、0.52亿美元，同时中国从韩国和日本进口板栗，贸易值分别为0.34亿美元、0.11亿美元。意大利从5个国家进口板栗，分别为土耳其、西班牙、葡萄牙、希腊、智利；同时向6个国家出口板栗，分别为德国、瑞士、法国、奥地利、美国、加拿大。

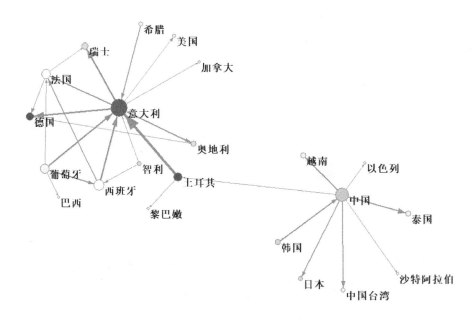

图5-35　2018—2021年主要贸易廊道示意图

5.3.6 中国板栗贸易分析

中国是板栗种植大国，也是板栗进口、出口大国。在全球板栗贸易中，参与度不断增加。

（1）出口辐射能力强于进口整合能力，差距加大

如图5-36所示，研究期内，中国进口板栗来源地始终较少，进口整合能力不强。来源地从1988—1992年的0个，到2008—2012年一直保持在3～5个，在2013—2017年达到研究期内最高值，为8个，而在2018—2021年又下降至4个。与进口来源国保持较低水平形成反差，中国的出口辐射能力持续提升，板栗销售国际市场开拓能力不断增长。从1988—1992年仅向7个国家出口，到1993—1997年和1998—2002年的两个阶段分别增长为18个和19个，2002—2007年又迅速增加至46个，其后2013—2017年、2018—2021年两个阶段又向多达53个国家出口板栗。随着出口辐射能力增强和进口整合能力保持，二者差距呈现加大态势。

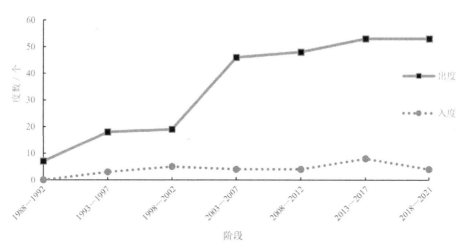

图5-36　中国板栗贸易出度、入度

（2）始终为贸易顺差国，板栗贸易优势增强

如图5-37所示，中国的贸易值在1988—1992年为研究期内的最低水平，为0.495亿美元，其后有较大幅度的提升，在2008—2012年达到研究期内最高值，为 4.329亿美元。其后的两个阶段，虽有所减少，但依然保持4.27亿美元、3.22亿美元的高值。与贸易低值出现时间相同，中国出口值在1988—1992年为研究期内最低值，当时在板栗贸易网络中，中国也是单一出口国家，出口值为0.495亿美元。其后，在1993—1997年，达到研究期内出口最高值，为3.41亿美元。但当时其出口国家数量并不多，仅有18个国家，说明出口地域集中。随后，1998—2002年、2003—2007年的两个阶段出口值分别下降为2.739亿美元、2.51亿美元，而2008—2012年、2013—2017年的两个阶段又呈现增长态势，分别达到了3.18亿美元、3.31亿美元。2018—2021年，中国的出口值虽有所下降，但也达到了2.76亿美元。中国的板栗进口值变化呈现增长—下降的态势，从1988—1992年没有进口，到1993—1997年、1998—2002年的两个阶段分别为0.1亿美元、0.14亿美元，2003—2007年、2008—2012年的两个阶段迅速增加均超过1亿美元。其后呈下降态势，且在2018—2021年下降幅度较大，进口值仅为2008—2012年最高值的40%。

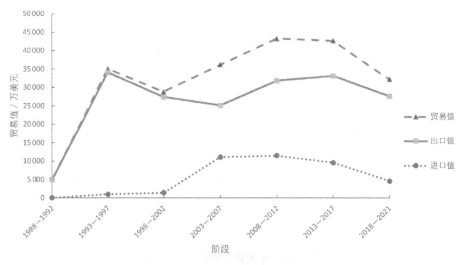

图5-37　中国板栗贸易值

　　综合考虑进口和出口，研究期内，中国一直是板栗净出口国家，板栗出口优势明显。净出口值呈现下降—增长的变化态势，呈"V"形走势。1988—1992年该值最小，而在1993—1997年达到研究期内最高值，为3.31亿美元。到2003—2007年，由于进口值较高而出口值处于较低值，净出口值跌落至较低值，仅为1.4亿美元，其后，该值逐渐增加，保持在高于2亿美元的水平。

　　（3）进口来源地稳定，极化程度减弱

　　如图5-38所示，研究期内，中国进口板栗来源地为9个国家，进口主要来自韩国、意大利、葡萄牙，且进口格局呈现从极化到均衡的态势，对单一国家依赖程度不断降低，前三个阶段中韩国一直是中国最大的板栗进口国，且中国对韩国的依赖程度较高，进口来源极化程度明显。从韩国进口的比例占中国板栗进口总值的比例在第一、二阶段分别高达81.6%和62.9%，第三阶段虽下降至48.7%，但依然远远高于其他进口来源国。2003年之后，中国的最大进口板栗国从韩国转变为意大利。2008—2012年，中国从意大利进口的板栗占中国板栗进口总值的40%，之后分别减少为26%和29%。中国从葡萄牙的板栗进口值虽呈现增长态势，但占总体的比重不高，前三个阶段，集中在5%～8.3%，其后增加至11%～21%。研究期内，中国对三个国家的进口依赖程度不断降低，三国的进口值占总进口值的比例从2003年前的85%～90%，之后降低到70%左右，2013—2017年又降至55%，而2018—2021年降至48.7%。

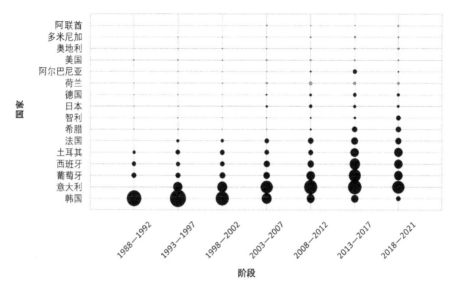

图5-38　中国板栗进口来源地分布（圆圈越大，表明贸易值越大）

（4）出口去向从单核依赖到多地为主

总体研究期内，日本是中国大陆最主要的板栗出口去向地，中国板栗出口中有44.9%为日本进口，其余10.9%出口至中国台湾地区，8.98%和3.68%分别出口至泰国和韩国。即中国板栗出口中近一半出口到日本，出口中68.4%的板栗集中到日本、泰国、韩国三国以及中国台湾地区。而余下的31.6%的板栗出口到占进口国总体94.7%的国家。

但是，从不同阶段演化分析，中国板栗出口到日本的份额逐渐减少，从一家独大到多地为主。如图5-39所示，中国对日本板栗出口值占中国出口总值的比重呈现持续、大幅度下滑，从1988—1992年、1993—1997年的前两个阶段的分别高达83.6%、83.7%，到1998—2002年下降至77.5%，随后在2003—2007年又下降至53%。而2008年后又下降至不足30%，2008—2012年和2013—2017年分别为29.5%和15%。2018—2021年，中国板栗出口中到日本的比例下降至历史最低值，仅为9.99%。1988—2012年，中国出口至日本的板栗份额虽持续下滑，但日本依然是中国最大的出口市场。但2013年后，中国最大的出口市场先后被泰国、越南替代。与中国对日本板栗出口比例大幅下降不同，中国板栗出口到泰国、韩国、以色列各国，以及中国台湾地区呈现不断增长态势。在2018年之前，中国板栗对越南出口比例极低，但在2018—2021年迅速增加至16.4%，越南也一跃成为中国最大的板栗出口市场。

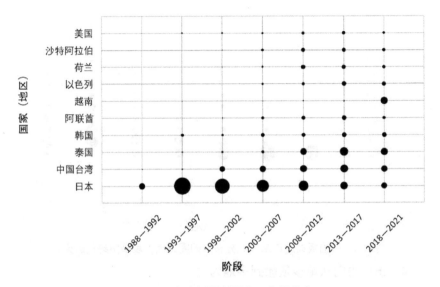

图5-39　中国板栗主要出口市场分布

第6章　中国省域板栗出口贸易分析

本书中，基于中国海关贸易数据库，查询中国各省（自治区、直辖市）板栗贸易数据，时间范围为2015年至2023年2月。板栗产品中又细分为去壳板栗和未去壳板栗。

6.1 中国各省（自治区、直辖市）板栗出口分布

6.1.1 总体出口省（自治区、直辖市）分布

2015年至2023年2月，总体板栗产品中，中国有板栗出口的省（自治区、直辖市）有26个。按总体出口值排序，分别包含山东省、河北省、云南省、天津市、辽宁省、安徽省、江苏省、广东省、上海市、广西壮族自治区、北京市、福建省、湖南省、甘肃省、黑龙江省、河南省、四川省、新疆维吾尔自治区、浙江省、江西省、湖北省、陕西省、山西省、内蒙古自治区、贵州省、宁夏回族自治区。虽然区域众多，但主要出口区域呈现较强集中性。

如图6-1所示，总体板栗产品出口中，山东省和河北省分属第一、第二大板栗出口省份。研究期内，两省出口的板栗占总体的72.13%，其中山东省出口占出口总值的 39.53 %，河北省出口占出口总值的32.6%。云南省虽位列出口省份第三位，但其出口值明显减少，不足山东省的一半，占出口总值的比例也仅为16.45%。前三位板栗出口大省的出口值之和占中国板栗出口总值的88.58%。而位列第四、五位的辽宁省、天津市的板栗出口值占中国板栗出口总值的比重明显降低，分别为2.45%、2.15%。 广东省、安徽省的板栗占比分别为1.36%、

1.11％。而其他区域的板栗出口值占中国板栗出口总值的比重之和仅为4.35%。

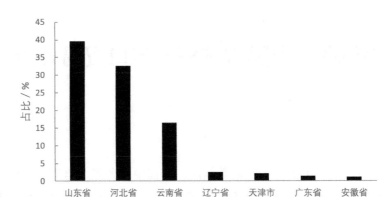

图6-1　中国省（自治区、直辖市）总体板栗产品出口分布

如图6-2所示，出口前三省份排序呈现交错分布。2015—2019年，河北省、山东省交替为出口第一、第二大省，而云南省平稳保持在第三大省位序。山东省在2020—2022年，连续三年保持第一大出口省位序，但2023年1至2月份滑落至第三位序。2020年，河北省位序跌落至第三位，但2021年又上升至第二位。2023年前2个月，云南省板栗出口等位居第一。

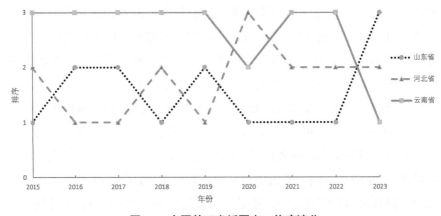

图6-2　中国前三省板栗出口位序演化

（1）未去壳板栗出口分布

如图6-3所示，中国有25个省（自治区、直辖市）出口未去壳板栗。其中，山东省、河北省依然分别为第一、二出口大省，出口值分别占我国出口

总值的37%和35%，云南省的出口值占我国出口总值的比例为18%。其他22个省（自治区、直辖市）出口总和占我国出口总值的10%。

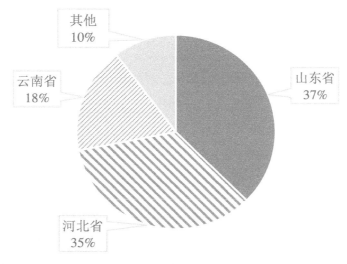

图6-3　中国省（自治区、直辖市）未去壳板栗产品出口分布

如图6-4所示，在出口省（自治区、直辖市）位序变动中，河北、云南、山东三省交替在前三位出现。天津市、辽宁省的位序保持较平稳，2016—2020年，分别稳定位居第四、五位，其他时间在第四至第六位之间波动。广东省的位序在第五至第八之间波动。大多数时间，北京市的位序在第七至八位之间波动，2022年上升至第五位。安徽省属于位序大幅下降型，从2015年的第四位，到2016—2019年下降至第六至七位之间，2020年后则在第八至九位之间波动。湖南省的位序稳定在第九至十位之间。福建省的位序大多在第九和十位之间，2020年上升至第七位。

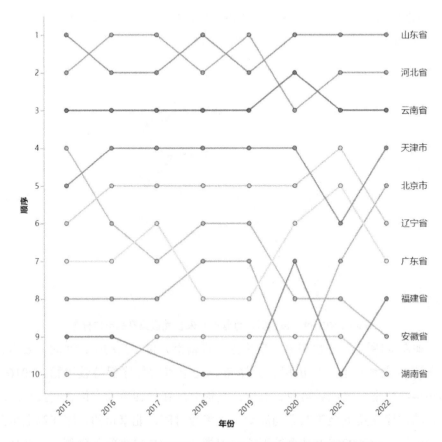

图6-4 中国省（自治区、直辖市）未去壳板栗出口顺序分布

（2）去壳板栗出口分布

如图6-5所示，去壳栗子主要出口省域分布中，与未去壳栗子第一大出口省份相同，均为山东省，其出口占该类产品我国出口总值的41%。但与未去壳栗子主要出口省份不同，第二位至第四位省份依次为广东省、湖南省、福建省，占该类商品总值的比重依次为17.71%、14.99%、7.31%。辽宁省出口去壳栗子量也达到了总体的7.30%。与未去壳栗子出口第二大省份形成较大反差，河北省出口去壳栗子仅占该类商品我国出口总值的4.55%，即河北省出口的板栗中，未经加工的未去壳栗子占很大比例，而出口的去壳栗子占比较少。而未去壳栗子出口第三大省份云南省，其出口的去壳栗子占比更少，仅占该类商品我国出口总值的0.58%。

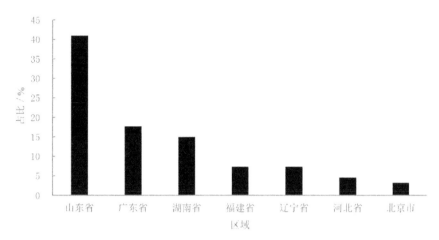

图6-5　中国省（自治区、直辖市）去壳板栗出口分布

6.1.2 中国板栗进口国家（地区）分布

（1）进口总值分布

如图6-6所示，2015年至2023年2月，按从中国进口板栗总值排序，进口总值超过1 000万美元的国家（地区）共有13个，分别为泰国、中国台湾、越南、日本、韩国、以色列、阿联酋、荷兰、沙特阿拉伯、美国、约旦、马来西亚、加拿大。这13个国家（地区）的进口总值占从中国进口板栗的所有国家（地区）进口总值的90.5%。研究期内，泰国从中国进口板栗总值最多，达1.17亿美元，占从中国进口板栗的所有国家（地区）进口总值的比例也最高，达19%。中国台湾从中国大陆进口的板栗值位居第二位，达到了9 549.23万美元，占从中国进口板栗的所有国家（地区）进口总值的比例也高达15.6%。越南和日本从中国进口板栗值分别位居第三、第四位，对应值分别为7 542.54万美元、7 199.32万美元，占比分别为12.3%、11.7%。而前四位进口国家（地区），即泰国、中国台湾、越南、日本，进口总值占从中国进口板栗的所有国家（地区）进口总值的58.6%。

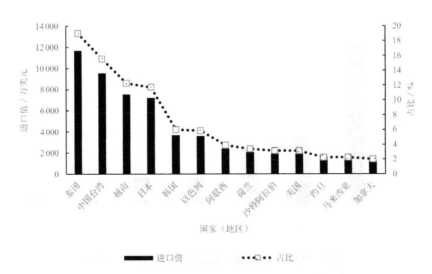

图6-6 中国板栗主要进口国家（地区）进口值分布

（2）主要进口（地区）国进口值位序分布演化

如图6-7所示，研究期内，泰国和中国台湾的位序平稳保持在第一至三位之间。尤其是2015年、2017年、2018年和2019年的四年时间，泰国稳居进口第一位序。2020—2022年，泰国位序在第二至三位之间波动。日本进口位序也是平稳保持，2015—2018年，连续四年稳居第三大进口国。2019—2022年，为第四大进口国。以色列、韩国位序整体在第五位上下微小波动。美国、沙特阿拉伯则基本保持在第十位上下。

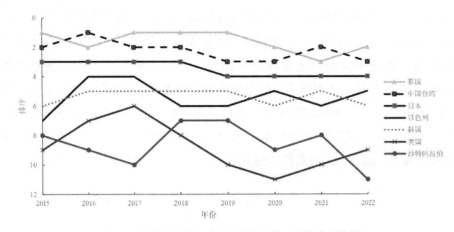

图6-7 板栗主要进口国（地区）进口值位序平稳型

如图6-8所示，越南属于位序大幅上升型进口国。2015年，位列第二十六位进口国。2016年和2017年分别上升为第二十四位、第十五位进口国。2018年，大幅上升至第四位。2019年，又至上升至第二位。2020—2022年，越南稳居第一大进口国位序。

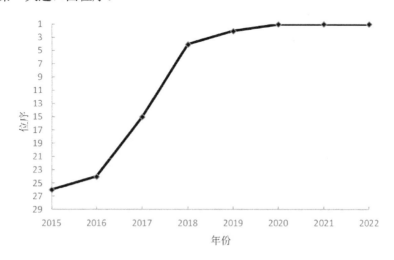

图6-8　越南板栗进口值位序

如图6-9所示，2015年，荷兰的进口位序为第五位。其后，2016—2019年，在第八、九位之间波动。2020年为第七位。但2021年和2022年，分别滑落为第十三、十二位。马来西亚的位序从2015年的第十位，到2018年降至第

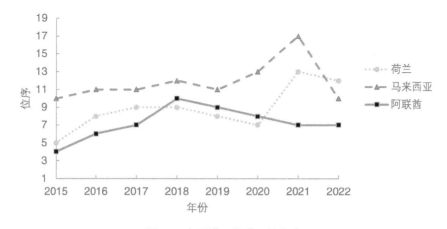

图6-9　主要进口国进口值位序

十二位，2021 年又降至第十七位。2022 年，位序提升，到第十位。阿联酋进口位序从 2015 年的第四位，到 2016 年和 2017 年分别下滑为第六、七位，2018年更是降至进口国第十位。2019年和2020年分别位列第九、八位。2021年和 2022 年均位列第七位。

（3）主要进口国（地区）进口值时序分布演化

如图6-10所示，2015—2020年，泰国的进口位序一直保持在第一、二两位，进口值波动变动，但幅度不大。2015年为最高值，达到1 668.15万美元。从2019—2021年，是泰国进口值持续减少的三年，2019年为1 515.6万美元，2020年减少至1 298万美元，2021年为985.65万美元，达到研究期内最低值，当年进口值为该国研究期内最高值的59%。而2022年，泰国的进口值呈现大幅增长态势啊，达到前一年的1.57倍。

2015—2019年，中国台湾的进口值始终在1 100万美元至1 500万美元之间波动，其中，2016年达到研究期内最高值，为1 491.38万美元。2020年，进口值降至研究期内最低值，为944.22万美元。2021年和2022年，逐渐增加，分别达到了1 013.7万美元、1 111.07万美元。

与其他国家相比，越南的进口值变化具有独特性，进口值呈现增加—减少态势，且增加阶段为从低值至高值的大幅增加态势。与进口值变动大一致，对应位序也呈现大幅提升。2015年和2016年，越南的进口值处于低值，分别从中国进口了13.46万美元和15.43万美元的板栗。2017年，进口值增幅较大，达到了87.48万美元。2018年又大幅增加至506.64万美元。2019年后，越南的板栗进口值一直在1 300万美元至2 000万美元之间。其中，2020年达到最大值，为1 916.16万美元。2021年，越南从中国进口的板栗值有所下降，达到了1 333.79万美元，但依然是第一大进口国。2022年，进口板栗又增加至1 655.06万美元。2020—2022年，越南连续三年为中国板栗进口第一大国。

日本的板栗进口基本可划分为两个阶段。2015—2017年，进口值在1 000万美元至1 200万美元之间。2018—2022年，进口值均低于1 000万美元。其中，2020年达到研究期内最低值，为629.81万美元，是研究期内日本进口最大值的55.4%。

2015—2021年，韩国的板栗进口值呈现持续增加。从2015年的351.67万美

元到2017年增加至409.06万美元，2021年达到研究期内最高值596.25万美元，
2022年下降至447.41万美元。研究期内，韩国的进口位序一直保持在五至六名
之间。

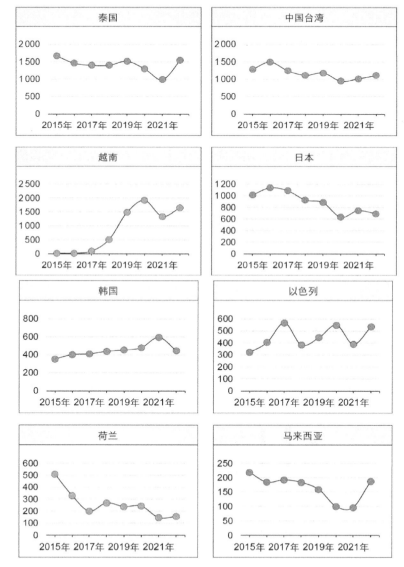

图6-10　2015—2021年板栗主要进口国（地区）进口值时序分布

注：对应图中纵轴单位为万美元。

研究期内，以色列的进口值在300万美元至600万美元之间波动。其中，2015年为最低值，320.99万美元。2017年，达到最高值为566.13万美元。

研究期内，荷兰的进口值呈现波动下降，从2015年的508.49万美元，到2017年降至197.78万美元，2018年又增加至266.57万美元，2021年和2022年分别降为145.004 9万美元、153.471 7万美元。

2015—2021年，马来西亚的进口值总体呈现波动下降，从2015年的研究期内最高值218.06万美元，到2018年、2019年分别下降为183.44万美元、159.05万美元，2020年和2021年，马来西亚的进口值大幅下降，分别只有99.55万美元、95.86万美元。其间，马来西亚的进口最低值仅为该国进口最高值的44%。2022年，马来西亚的进口值呈现再增长，达到2021年的1.95倍，进口值增加至186.97万美元。

6.2 代表性省（自治区、直辖市）板栗出口分析

6.2.1 河北省板栗出口分析

河北省是我国板栗主产区，也是板栗出口大省。如图6-11所示，河北省板栗出口以未去壳栗子为主，且2015—2022年，每年连续出口未去壳栗子，且出口值稳定在19百万美元至27百万美元之间。2015—2019年，出口值一直高于23百万美元，并在2016年达到研究期内最高值26.6百万美元。2020—2022年出口

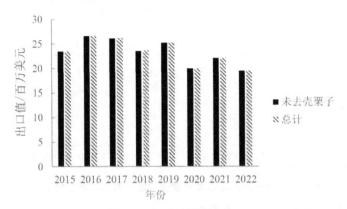

图6-11　河北省板栗出口

值有所下降，分别为 19.98 百万美元、22.18 百万美元、19.51 百万美元。该省去壳栗子出口数量较少，且只在 2015 年、2017 年、2018 年、2022 年有相应出口值，占对应年份该省总体板栗出口值的比重仅为 0.01%～0.49%。

6.2.2 山东省板栗出口分析

山东省的板栗出口也是以未去壳栗子为主。如图6-12所示，2015—2020年，未去壳栗子占该省板栗出口总值的比重高达98.6%～99.99%。2021年后，该比重有所下降，但对应值依然在96.5%～97.7%之间。2015—2020年，该省未去壳栗子出口值在22.3百万美元至27.8百万美元之间波动，2021年跃升至研究期内最高值，为33.44百万美元。2022年则下降至研究期内最低值，仅有20.69百万美元。比较而言，该省去壳栗子的出口值少，但呈现上升态势。2015—2020年，2015年仅出口了1 969美元，2017年最多时也仅达到了31.99百万美元。而2021—2022年，山东省去壳栗子的出口值则分别跃升至80.4万美元和75百万美元。

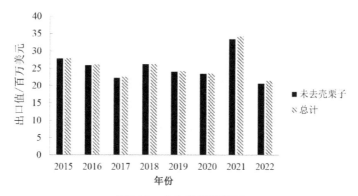

图6-12　山东省板栗出口

6.2.3 云南省板栗出口分析

云南省也是典型的以未去壳栗子为主的出口省份，该省未去壳栗子出口值占其出口总值的比例高达99.8%以上。如图6-13所示，2015年、2017年、2022年则全部为未去壳栗子出口。研究期内，2015—2018年，该省的未去壳栗子出口值、栗子出口值在4.3百万美元至6.7百万美元之间。而2019年后，呈现快速增长态势，2019年未去壳栗子出口值、栗子出口值分别达到了17.89百万美元和17.9百万美元，2020年达到研究期内最高值21.5百万美元。2021年和2022年有所下降，总体栗子出口值分别为14.7百万美元、15.5百万美元。

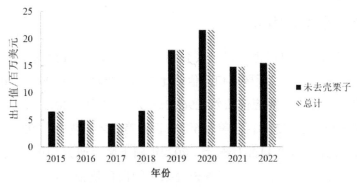

图6-13 云南省板栗出口

6.2.4 广东省板栗出口分析

广东省的板栗出口值相对较少，也是以未去壳栗子为主，且未去壳栗子、栗子出口呈现较大的波动态势。如图6-14所示，广东省的板栗出口在2017年达到了研究期内最高值，为119.11万美元。其后，呈下降态势，到2021年则又上升至106.65万美元，而2022年则下降至研究期内最低值32.5万美元。该省未去壳栗子占栗子总体出口比重波动较大，2015至2020年在58.3%至88.6%之间波动，2021年上升至90.3%，2022年又上升为97.2%。

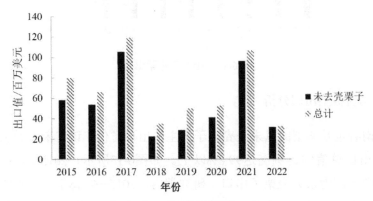

图6-14 广东省板栗出口

6.2.5 湖南省板栗出口分析

如图6-15所示，2015—2016年，湖南省的板栗出口值仅分别有3万美元和2.5万美元，2017年后有较大提升，但波动性较大。2017年为18.4万美元，2018年又增加至38.3万美元，2019年和2020年分别下降为26万美元和23.8万美元，2021年又上升至研究期内最高值，43.2万美元。2022年，湖南省的板栗出口值大幅度下降，仅有9.5万美元。另外，湖南省的板栗出口中，未去壳栗子占比呈现较大的变动性。2017年占比最低，仅为9%。2018—2019年，又分别大幅上升为46.9%、65.4%。而2020年出口总值中，未去壳栗子占比又下降至37.7%。2021年，该值上升至63.6%。2022年又下降至15.5%。

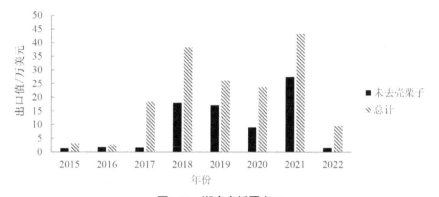

图6-15 湖南省板栗出口

6.2.6 福建省板栗出口分析

如图6-16所示，福建省的板栗出口在2020年达到研究期内最高值，为46.8万美元。2021年和2022年分别下降为22.3万美元和26.7万美元。同样，该省栗子出口中，除去2017年和2018年，主要以未去壳栗子为主。未去壳栗子出口值占比从2019年的58.4%，到2020年增加至76.1%，2021年和2022年又分别大幅增加为98%和97.1%。

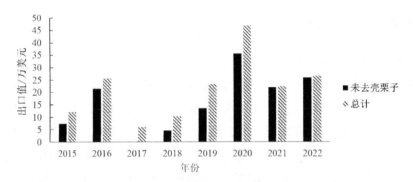

图6-16　福建省板栗出口

6.2.7 北京市板栗出口分析

如图6-17所示，北京市的板栗出口中，2015年为17.03万美元。2016年和2017年分别增加为22.47万美元和23.9万美元。2018年又增加至31.37万美元。2019年继续保持增加态势，出口值达到了49.09万美元。2020年，北京市的板栗出口值达到研究期内最低值，仅有4.93万美元。2021年和2022年，分别大幅增加为68.25万美元、63.4万美元。

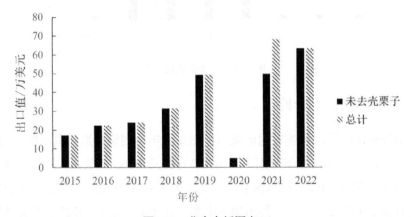

图6-17　北京市板栗出口

6.3 省域板栗出口显示性比较优势分析

在国际贸易中，显示性比较优势指数是指某个国家某种产品的出口额占该国所有产品出口总额的比重与世界出口总额中该类产品出口额所占份额的比率，是衡量该国产品国际市场竞争力的重要指标。对显示性比较优势指数进行调整，构造衡量省域板栗出口的显示性比较优势指数。

$$RCA_{ij}=\frac{\frac{x_{ij}}{x_{it}}}{\frac{x_{cj}}{x_{ct}}} \tag{6-1}$$

式中，RCA_{ij}为i省（区、市）j产品的显示性比较优势指数；X_{ij}为t时期i省（区、市）j产品的出口值；X_{it}为t时期i省（区、市）所有产品的出口值；X_{cj}为t时期中国j产品的出口值；X_{ct}为t时期中国所有产品的出口值。

本书中，将RCA取值区间分为4个。其中，$RCA>2.5$表示该省（区、市）该产品具有极强的国际竞争力。$1.25\leq RCA\leq2.5$，表示该产品具有较强的国际竞争力。$0.8\leq RCA\leq1.25$，表示该产品具有中度的国际竞争力，$RCA<0.8$表示该产品竞争力弱。

如图6-18所示，板栗主要出口省（自治区、直辖市）中，河北、山东、云南三省的显示性比较优势指数始终高于2.5，表明三省板栗出口具有极强的国际竞争力。2015—2017年，河北省的显示性比较优势指数不断增加，从24.4上升到2016年的28.5，到2017年达到最高值31.7。此后，从2018—2021年呈现下降态势，从2018年的26.5，到2021年下降至20.5。随后，2022年，有所增加，达到了22.7。而2015—2018年，与其他主要省份相比，河北省的板栗出口显示性比较优势指数一直最强。2019年后，被云南省超越，指数位居第二。2015—2019年，云南省板栗出口显示性比较优势指数呈现增长态势。其中，2015—2017年，缓慢增加，数值对应分别为13.5、14.1、14.2。2018年达到了19.9。2019年，云南省板栗出口显示性比较优势指数达到最高值40.5。其后，呈下降态势，到2020年为36.5，2021年和2022年分别为23.4和38.1。2015—2018年，云南省板栗出口显示性比较优势指数一直位列第二。2019年后，云南省超越河北省，板栗出口显示性比较优势指数位列第一。山东省板栗出口显示性比较优势指数一直稳居第三，变化幅度较小。2015—2019年在5至6.3之间波动。2020年下降至4.7，2021年增加至5.5，2022年则又下降至最低值4.2。而广东、湖南、福建三省的板栗出口显示性比较优势指数均小于0.8，表明在三地板栗出口竞争力弱（图6-19）。

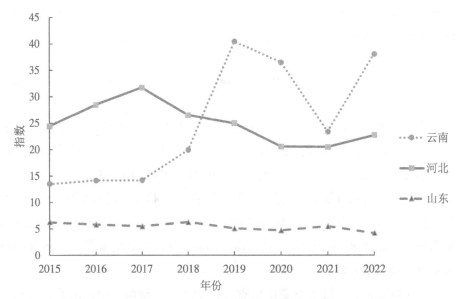

图6-18　板栗主要出口省（自治区、直辖市）显示性比较优势指数（前三）

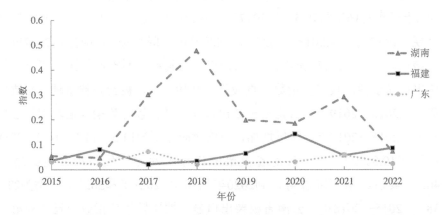

图6-19　板栗主要出口省（自治区、直辖市）显示性比较优势指数（第三至第六）

6.4 省（自治区、直辖市）—出口目的地贸易主廊道演化分析

本书中，以出口省（区、市）及出口目的地为网络节点，节点出口（进口）关系为连线构建省（区、市）—出口目的地贸易网络，并将板栗出口值（进口值）大于100万美元贸易连线定义为贸易主廊道。此处板栗为去壳板栗和未去壳板栗总和。

6.4.1 主廊道总体分布及占比

如图6-20所示，总体上，省域板栗出口网络中，主廊道板栗出口值呈现波动变化。2015—2019年，以2017年出口值为最低点，板栗出口呈现"V"形走势。2015年和2016年，主廊道出口值分别为5 631.14万美元、5 305.78万美元。2017年，该值降至研究期内最低值，为4 574.10万美元。2018年和2019年，主廊道板栗出口值分别为5 166.25万美元、5 947.06万美元。与2019年相比，2020年主廊道出口值下降至5 742.97万美元。但2021年，又迅速增长至研究期内最高值，达到了6 511.62万美元。2022年，主廊道出口值降至仅为2021年的76.14%，达到4 958.17万美元。

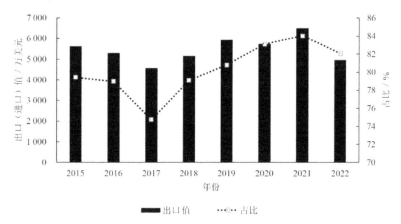

图6-20　2015—2022年省域板栗出口主廊道出口值分布

省域板栗出口网络中，主廊道板栗出口值占当年板栗出口总值的比重总体呈现增加态势。2015—2018年，前四年占比均低于80%。其中，2015年最高，为79.43% 。2017年最低，为74.73%。2019—2022年，占比值均高于

80%。其中，2019年最低，为80.8%。2020年增加至83.11%。2021年，占比值达到研究期内最高值，为84.05%。2022年又降至82.05%。

6.4.2 2015—2022年省域板栗出口主廊道时序分布

（1）2015年省域板栗出口主廊道分布

如图6-21所示，2015年，省域板栗出口主廊道有20条，集中在山东、云南、河北、安徽、天津、江苏6个出口省份（直辖市）和14个进口国家（地区）间。其中，山东省板栗出口主廊道数量最多，达到了10条。河北省板栗出口主廊道数量位列第二，达到了4条。云南、安徽、天津、江苏四地主廊道数量均为1条。河北省向中国台湾出口数量最多，出口值为862.75万美元，占当年我国板栗出口总值的11.3%。其次，河北省向日本出口量位列第二，出口值达799.92万美元，占比为10.5%。第三、第四主廊道分别为云南省向泰国出口652.22万美元，山东省向泰国出口601.97万美元，占比分别达到了8.5%、7.9%。第五和第六主廊道分别对应山东省向荷兰出口424.55万美元，河北省向泰国出口325.05万美元，占比分别为5.6%、4.3%。

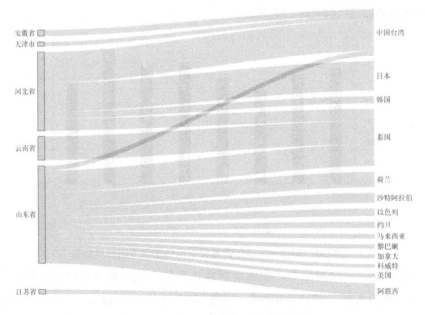

图6-21　2015年省域板栗出口主廊道分布

从进口国家（地区）分析，与中国各省（自治区、直辖市）建立了板栗进口主廊道的国家（地区）中，中国台湾拥有的进口主廊道最多，为4条。中国台湾同时从天津、山东、河北、安徽四个省（直辖市）进口板栗。泰国的进口主廊道有3条，该国分别从我国云南省、山东省、河北省进口板栗。阿联酋的板栗进口主廊道则为山东省、江苏省。而黎巴嫩、马来西亚、韩国、日本、加拿大、沙特阿拉伯、科威特、约旦、荷兰、美国等国家分别只有一个进口主廊道。

（2）2016年省域板栗出口主廊道分布

如图6-22所示，2016年，省域板栗出口主廊道为17条。集中在山东、云南、河北、天津4个出口省份（直辖市）和12个进口国家（地区）间。山东省出口主廊道依然最多，向11个国家出口（地区）板栗。河北省出口主廊道数量位列第二，为4条。云南省、天津市出口主廊道数量均为1条。在主廊道中，河北省向中国台湾出口值最高，达到1 081.27万美元，占当年中国板栗出口总值的14.4%。河北省向日本出口值位列第二，达到907.44万美元，占当年中国板栗出口总值的12.1%。第三至第五主廊道均为泰国进口，对应的出口省份分别为山东省、云南省、河北省，出口值分别为585.75万美元、495.52万美元、305.45万美元，占比分别为7.8%、6.6%、4.1%。另外7条主廊道，分别为山东省向以色列出口、山东省向荷兰出口、山东省向阿联酋出口、山东省向沙特阿拉伯出口、河北省向韩国出口、山东省向约旦出口、山东省向美国出口，对应的出口值集中在100万美元至200万美元之间。山东省向中国台湾、韩国、马来西亚、菲律宾4地出口值分别达到177.06万美元、136.02万美元、132.89万美元、126.58万美元。天津市向中国台湾的出口值也达到了124.06万美元。

从进口国家（地区）分析，泰国、中国台湾的进口贸易主廊道数量均为3个。韩国的进口贸易主廊道数量为2个。其他9个国家，菲律宾、日本、沙特阿拉伯、约旦、荷兰、阿联酋、马来西亚、美国、以色列的进口贸易主廊道分布为一个。

图6-22　2016年省域板栗出口主廊道分布

（3）2017年省域板栗出口主廊道分布

如图6-23所示，2017年，省域板栗出口主廊道为16条。中国出口省份有三个，分别为河北省、山东省、云南省。进口国家（地区）有12个。其中，山东省出口主廊道条数依然最多，达到了11条。河北省为4条，云南省为1条。进口国家（地区）中，泰国拥有主廊道数量最多，为3条。其次，中国台湾、韩国分别有2条主廊道。其他国家，分别对应有1条主廊道。

2017年，在主廊道中，河北省向中国台湾出口最多，为第一廊道，达到了970.33万美元，占2017年中国板栗出口总值的13.9%。第二廊道为河北省向日本出口，出口值与出口值占2017年中国板栗出口总值的比例分别为884.12万美元，12.7%。第三、四廊道分别为山东省向泰国、以色列出口，出口值别达到494.82万美元、450.32万美元，占比分别为7.1%、6.4%。第五、六廊道的进口国均为泰国，出口地为云南省、河北省，对应值分别为387.49万美元、375.17万美元，占比接近，分别为5.5%、5.4%。后续三条廊道，分别为河北省向韩国出口、山东省向美国出口、山东省向黎巴嫩出口，出口值分别为226.69万美元、214.8万美元、210.99万美元。其余7条廊道，对应出口值介于100万美元至200万美元之间。

图6-23　2017年省域板栗出口主廊道分布

（4）2018年省域板栗出口主廊道分布

如图6-24所示，2018年，省域板栗出口主廊道增加至18条。中国出口省（自治区、直辖市）也增加至5个，分别为河北省、山东省、云南省、广西壮族自治区、天津市。其中，山东省出口主廊道条数依然最多，达到了8条。河北省为4条，云南省为2条，广西壮族自治区和天津市分别有一条。对应进口国家（地区）有10个。其中，进口国家（地区）中，泰国和中国台湾拥有主廊道数量最多，分别为3条。其次，越南、韩国分别有2条主廊道。其他6个国家，分别对应有1条主廊道。

在主廊道中，河北省向中国台湾出口最多，为第一廊道，达到了805.05万美元，占2018年中国板栗出口总值的11.2%。第二廊道为河北省向日本出口，出口值与出口值占2018年中国板栗出口总值的比例分别为796.19万美元、11.1%。第三、四廊道分别为山东省、云南省向泰国出口，出口值分别达到575.5万美元 、434.68万美元，占比对应为8%、6%。第五、六廊道分别为山东省、河北省向沙特阿拉伯、泰国出口，出口值分别达到350万美元、

342.34万美元，占比对应为4.86%、4.76%。

图6-24　2018年省域板栗出口主廊道

（5）2019年省域板栗出口主廊道分布

如图6-25所示，2019年，省域板栗出口主廊道为15条。中国出口省（直辖市）为4个，分别为河北省、山东省、云南省、天津市。其中，山东省出口主廊道条数依然最多，达到了8条。河北省为4条，云南省为2条，天津市1条。对应进口国家（地区）有11个。其中，进口国家（地区）中，泰国拥有主廊道数量最多，为3条。中国台湾、韩国拥有主廊道数量次之，分别为2条。其次，越南、日本等7个国家，分别对应有1条主廊道。

在主廊道中，云南省向越南出口最多，为1375.50万美元，占2019年中国板栗出口总值的17.3%。第二、三廊道分别为河北省向中国台湾、河北省向日本出口，出口值分别为897.69万美元、764.06万美元，出口值占2019年中国板栗出口总值的比例分别为11.3%、9.6%。第四至第六主廊道出口省份分别是山东省、河北省、云南省，进口国均为泰国，出口值对应为654.89万美元、446.18万美元、403.38万美元，占比分别为8.2%、5.6%、5.1%。

图6-25　2019年省域板栗出口主廊道分布

（6）2020年省域板栗出口主廊道分布

如图6-26所示，2020年，省域板栗出口主廊道为14条。中国出口省份为3个，分别为云南省、河北省、山东省。对应进口国家（地区）有11个。其中，山东省出口主廊道条数依然最多，达到了8条。河北省为4条，云南省为2条。进口国家（地区）中，泰国拥有主廊道数量最多，为3条。韩国拥有主廊道数量次之，为2条。沙特阿拉伯、阿联酋、中国台湾、越南、荷兰、日本、以色列、美国、约旦9个国家（地区）拥有主廊道数量均为1条。

2020年，在主廊道中，云南省向越南出口最多，为1 886.42万美元，占2020年中国板栗出口总值的24.7%。第二、三廊道分别为河北省向中国台湾、山东省向泰国出口，数量分别为774.18万美元、683.82万美元，占比分别为10.1%、8.9%。第四和第五主廊道分别为河北省向日本、山东省向以色列出口，出口值分别为562.23万美元、378.97万美元，占比分别达到了7.4%、5%。

图6-26　2020年省域板栗出口主廊道分布

（7）2021年省域板栗出口主廊道分布

如图6-27所示，2021年，省域板栗出口主廊道增加为18条。中国出口省份为4个，分别为云南省、河北省、山东省、辽宁省。其中，山东省出口主廊道条数依然最多，达到了11条。河北省为4条，云南省为2条，而辽宁省拥有1条出口主廊道。对应进口国家（地区）有13个。其中，进口国家（地区）中，泰国拥有主廊道数量最多，为3条。韩国、日本、中国台湾拥有主廊道数量相同，均为2条。其他9个国家，包括沙特阿拉伯、阿联酋、阿塞拜疆、土耳其、荷兰、伊拉克、以色列、越南、约旦，拥有的主廊道数量均为1条。

2021年，在主廊道中，云南省向越南出口最多，为1281.57万美元，占2021年中国板栗出口总值的17.7%。第二、三廊道分别为河北省向中国台湾、河北省向日本出口，出口值分别为813.02万美元、576.07万美元，占比分别为11.2%、8%。第四、五廊道，出口省份分别为山东省、河北省，进口国家均为泰国，出口值分别为499.85万美元、295.52万美元，占比分别达到了6.9%、4.1%。

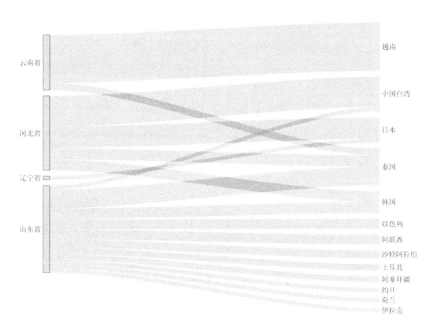

图6-27 2021年省域板栗出口主廊道分布

（8）2022年省域板栗出口主廊道分布

如图6-28所示，2022年，省域板栗出口主廊道增加为16条。中国出口省份为3个，分别为云南省、河北省、山东省。其中，山东省出口主廊道条数依然最多，达到了10条。河北省为4条，云南省为2条。对应进口国家（地区）有13个。其中，进口国家（地区）中，泰国拥有主廊道数量最多，为3条。其次，韩国拥有主廊道数量位居第二，为2条。其他10个国家（地区），包括日本、阿联酋、沙特阿拉伯、菲律宾、荷兰、马来西亚、以色列、中国台湾、约旦、美国、越南，拥有主廊道数量均为1条。

2022年，在主廊道中，云南省向越南出口最多，为1543.24万美元，占2022年中国板栗出口总值的19.7%。第二、三廊道分别为河北省向中国台湾、山东省向泰国出口，出口值分别达到了946.23万美元、735.84万美元，占比分别为12.1%、9.4%。第四、五廊道分别为河北省向日本、泰国出口，出口值分别为571.24万美元、531.06万美元，占比分别为7.3%、6.8%。

图6-28　2022年省域板栗出口主廊道分布

第7章　板栗研究分析

板栗素有"干果之王""木本粮食""铁杆庄稼"之称，具有丰富的营养和一定的保健功效，深受国内外消费者青睐。追踪板栗领域研究动态，分析研究者在相关领域上的研究方向与进展，对强化科研协作、加快研究进度、促进技术创新等方面具有重要作用。科学的文献数据是相关研究领域学者们构建的学科知识集合，是记录和传播学科知识的重要平台和载体。近年来，世界范围内关于板栗研究的发文量呈逐年上升的趋势，但是利用科学的文献数据对板栗研究进行统计分析却鲜有报道。

7.1 国际板栗研究分析

7.1.1 数据来源

本书选取美国科技信息所推出的WOS科学引文索引数据库。WOS是全球提供引文数据最多的数据库，所包含的文献几乎覆盖了全世界最重要和最有影响力的研究成果，已成为国际公认的进行科学统计与科学评价的主要检索工具。为保证所得文献更为全面，笔者在WOS高级检索平台以TI=chestnut*进行检索，时间范围限定在2000年1月1日至2022年12月31日，并排除与板栗研究无关论文。初步得到关于板栗研究相关论文文献，从发文量、作者、研究机构、学科分布、关键词聚类共现图谱等视角进行计量学分析。

7.1.2 结果与分析

（1）发文量分析

如图7-1所示，全球板栗论文发文数量经历了持续缓慢低位波动增长阶段、中位振荡波动增长阶段、高位增长阶段。第一阶段，2000—2004年，为持续缓慢低位波动增长时期，论文发文数量在2000年和2001年分别为31篇和36篇，在2002年达到了44篇。2004年又上升至62篇。第二阶段，2005—2018年，板栗论文发文量处于波动增长阶段，除2006年、2007年的发文量均不到100篇，其他年份发文数量均在100～200篇之间。第三阶段，2019—2022年，为高位稳定阶段，2019年的发文量达到194篇，2021年、2022年均为200篇。

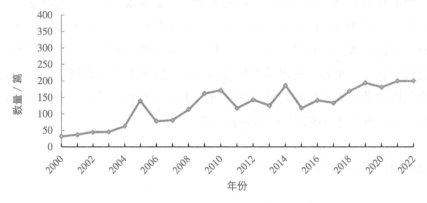

图7-1　2000—2022年全球板栗论文发文数量

（2）学科分布及共现分析

板栗基础研究中，厘清相关学科类别分布、学科交叉情况可为板栗基础研究发展提供参考与借鉴。

全球板栗发文的学科分布，呈现出多学科融合，但又有所差异的态势。如图7-2所示，全球板栗发文所涉及学科中，最多的发文领域为园艺，数量达到了494篇。其次，植物科学和食品科学及技术领域的发文数量也较多，分别为447篇和429篇。林业和农学领域发文数量分别为303篇和216篇。应用化学、生态学领域发文数量接近，分别为137篇、133篇。生物技术与应用微生物学、昆虫学、分子生物学、农业多学科、环境科学五个领域发文数量接近，在100篇上下。其他四类学科，包含化学工程，农业、乳品及动物科

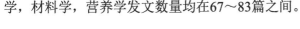

学，材料学，营养学发文数量均在67～83篇之间。

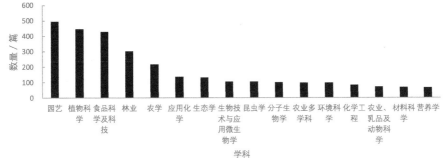

图7-2　全球板栗发文学科分布

作为文献内容挖掘的重要工具，"突现词"（又称为"涌现主题术语"）是指在某一时期使用频次骤增的关键词（节点），表示这个关键词在该时间段受到研究人员的高度重视。突现分析用来探测某个领域中突现的动态概念和潜在研究问题，适于检验学科发展的新兴趋势和骤然变化，反映活跃或前沿的研究节点。本书通过CiteSpace进行聚类后的"突变词探测"，绘制研究期内出现的学科突现词。结合最早发文年份与突现值指标可以发现，相关学科领域从早期均有相关研究，但热点时期有所不同。2000—2010年，热点学科包含土壤、森林、种植、昆虫学、农学、营养与饮食学。2010—2018年，生态学、遗传学、作物栽培学、微生物学、环境科学、动物学成为研究热点。围绕板栗进行的多学科研究更趋多元化。2019年开始，生物化学与分子生物学、化学多学科、高分子科学、材料科学、兽医学成为研究热点。这也预示着基于这些学科进行的板栗研究，可能成为未来研究的热点。

学科共现分析可构建学科间的关联网络，揭示交叉学科间的内在联系。知识交叉融合是跨学科的核心特征，能揭示跨学科研究知识来源的多样性。本书依据Web of Science的学科分类标准对产品质量研究领域的学科分布情况进行统计，同时借助Pajek软件绘制板栗基础研究领域学科共现图谱，以探索重点学科的分布以及学科间的相互关系。如图7-3所示，总体学科共现网络由53个学科构成，学科间直接共现关系数量为98次，网络密度为0.07，每学科平均共现学科为3.7个。其中，食品科学与技术与多达12个其他学科有共现关系，生物化学与分子生物学、植物科学分别与10个其他学科有共现关系，而化学工程、生物技术与应用微生物学的共现学科也达到了8个。

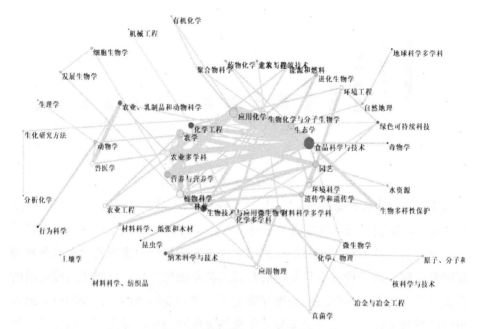

图7-3　板栗学科共现网络分析

中间中心度大的学科为板栗基础研究中的桥梁学科，在学科共现网络中，对板栗的基础研究学科交叉发展至关重要。在53个学科中，生物化学与分子生物学中间中心度值最大，为0.35。其次，化学多学科、食品科学与技术的中间中心度值分别为0.3和0.2。对学科共现网络进行核心-边缘结构分析，以均值0.043为标准，可知板栗基础研究中的核心学科有食品科学与技术、应用化学、营养学、农业多学科、化学工程、生物化学与分子生物学、生物技术与应用微生物学。

（3）板栗发文国家分布分析

如图7-4所示，板栗发文数量前十国家的发文量呈现较大的集中性。美国的发文数量最多，达到了547篇，占总体发文量的19%。意大利、中国的发文数量接近，分别为442篇、423篇。美国、意大利、中国三国的发文总量占全球的比例达到49%，即三国发文接近全部发文的50%。

西班牙、葡萄牙、土耳其三国的发文数量分别为332篇、227篇和207篇。

韩国和日本的发文量接近，分别为114篇和111篇。瑞士和法国的发文量分别为99篇、95篇。英国和俄罗斯则达到了65篇和60篇。从国家经济发展程度分析，板栗基础研究主要以发达国家为主。

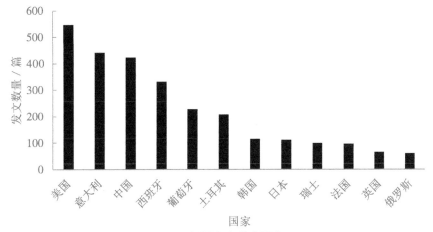

图7-4 板栗发文前十国家

（4）板栗发文国家合作分析

综合运用科学知识图谱分析方法和VOSviewr、Pajek软件，绘制出板栗研究领域国家之间的科研合作网络，通过可视化的形式展示该领域的科研合作态势。图谱中节点大小与合作伙伴数量多少成正比，代表国家在合作网络中合作影响力大小。连线粗细与合作频次正相关，国家间合作频次越多，连线越粗。

在合作网络中，以发文数量5篇为起点，国家合作网络由44个节点国家构成，节点间直接连线数量为235条。节点平均度为10.7，表明网络中平均每个国家的合作伙伴数量为10.7个。网络密度为0.25，表明网络中合作国家间直接连线数量占理论最大连线数量的25%。在复杂网络中，节点的度是指与该节点直接相连的边的数量。合作网络中，意大利度数最大，为32个，表明该国与32个区域有板栗基础研究的合作。其次，英国、西班牙、美国的合作伙伴数量分别为28、27和24个。瑞士、中国和法国的合作伙伴数量则分别为20、19和18个。中间中心度测度节点在合作网络担当其他国家间合作的中介能力，即对其他节点的控制能力大小。网络中，意大利的中间中心度值最高，为0.18。当意大利在板栗基础研究合作网络消失时，其他节点到达剩余节点的最短路径将会增加，甚至有些节点将会与主体网络断开。英国的中间中心度值也达到了0.11。接近中心度是衡量节点与网络其他节点间距离的特征指标，其刻画的是特定节点的知识通过网络到达其他节点的难易程度。接近中心度越高，意味着该节点与其他节点越接近，其间的知识传播就可能越容易。接近中心度高的节点与网络资源较为邻近。合作网络中，意大利的接近中心度值最高，"反控制"能力最强，其次为英国，西班牙、美国、中国、瑞士的接近中心度值也较高。

基于合作频次，选取合作频次大于（包含）10次的为主要合作国家对进行重点分析。如图7-5所示，图中连线越粗，表明合作频次越高。从图中可知，美国超过10次的合作伙伴数量最多，为5个。其中，美国与中国在板栗基础研究领域合作频次最高，达到了37次。与意大利、土耳其、加拿大、韩国分别合作了17、13、12、10次。意大利的高频合作伙伴数量则达到了4个，其中与西班牙的合作频次最高，为26次，与美国合作了17次，与法国和瑞士分别合作了16次和10次。西班牙的高频合作伙伴也达到了3个，其与葡萄牙合作频次最高，为31次。法国的高频合作伙伴为2个，分别为意大利、西班牙，合作频次分别为16、13个。

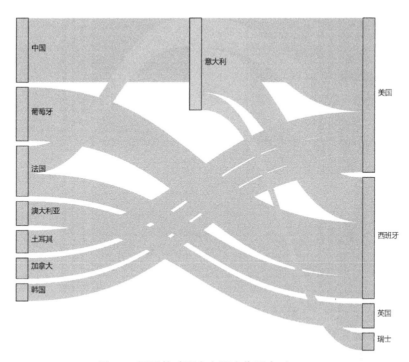

图7-5　板栗基础研究主要合作国家对

　　如图7-6所示，通过建立"广度—平均频次"二维矩阵，以广度均值、平均频次均值为坐标轴原点，可以把国家分到四个象限，对应四种类型。第一象限，高广度—高平均频次类型国家，这类国家合作广度大，且平均合作频次较高，知识交流既广泛也有深度，属于板栗基础研究合作网络中的核心国家。第二象限，低广度—高平均合作频次类型，这类国家合作广度低，但合作强度较高，知识交流对象有限但交流深度较高，是网络中的一般国家。第三象限，低广度—低平均合作频次类型，这类国家的合作广度较少，平均合作频次也较低，在产学研知识交流活动中发挥作用较小，是网络中的边缘国家。第四象限，高广度—低强度合作频次类型，这类国家的合作广度大，但平均合作频次较低，知识交流广泛但缺乏深度，是板栗基础研究合作网络中的重要国家。

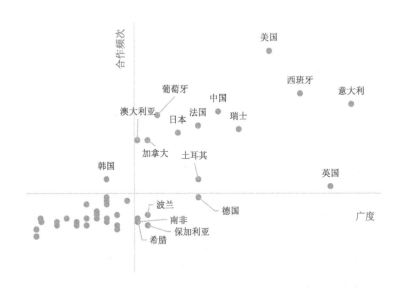

图7-6　板栗研究国家合作广度—强度矩阵

　　板栗研究合作网络中，有12个核心国家。其中意大利的广度值最大，与32个国家有合作研究，与每个国家平均合作4.7次。美国的平均频次最高，达到了6.2次，合作伙伴数量为24个。葡萄牙、中国、西班牙与意大利强度接近，但广度值均低于意大利。其中，西班牙广度值为27，中国和葡萄牙的广度值分别为19和14。相对而言，第二象限中低广度—高平均合作频次类型的国家数量最少，仅有韩国1个。其伙伴数量有8个，但与每个伙伴的合作频次达到了2.6次。第三象限，对应网络中的边缘，国家数量最多，达到了24个，对应国家合作伙伴数量小于10.7，平均与伙伴的合作频次也低于2.2次。第四象限中，有5个国家为板栗基础研究合作网络中的重要国家，合作广度大，但平均合作频次较低。其中，德国的合作伙伴数量为15个，但与伙伴平均合作频次仅有2次。波兰、希腊、南非等国的合作伙伴数量均为11个，与伙伴的平均合作频次低于2次。

　　（5）板栗研究作者分布分析

　　学科领域的研究者不仅充当着理论创新的组织行为者，更是学科发展的核心力量。相关文章作者是板栗领域基础研究的直接参与者，从研究作者视角切入，可大致厘清国际板栗研究中活跃的个人及组织。

作者发文数量密度图呈右偏多波峰分布，大多数作者发文数量集中在5篇以下，而发文量多的学者数量较少。发文量最多的学者发文数量为24篇。在9 439位作者中，246位发文量大于等于5篇。根据普赖斯定律，某一研究领域高产作者数量确定的计算公式为 $N_{\min} = 0.749\sqrt{N_{\max}}$，其中 $N_{\max}$ 代表本领域发文最多作者的发文量，若某作者发表论文数不小于 $N_{\min}$，则该作者为本领域的高产作者。在全部作者中，发文量最多值为24篇，根据公式计算可知 $N_{\min} = 3.7$，据此，本书确定发文4篇及以上的作者为高产作者。

高产作者分布密度线呈现右偏分布，高发文量作者数量少，而发文量集中在4、5篇的作者数量占总体的比例为61.9%。395位高产作者，共发表论文1 428篇，占总论文数的49.7%（接近50%），因此，国际板栗研究的作者分布基本形成稳定的核心作者研究群体。如图7-7所示，2000—2022年国际板栗科学领域涌现出的前十高产学者（由于并列，是前11位），来自6个不同的国家，分别为美国、葡萄牙、日本、瑞士、西班牙、中国。其中，西班牙圣地亚哥德孔波斯特拉大学的学者Moreira Ramón发文数量最多，达到了38篇。其次，纽约州立大学的Powell William A.发文数量也达到了37篇。瑞士联邦理工学院的Conedera　Marco，圣地亚哥德孔波斯特拉大学的Chenlo Francisco发文数量接近，分别为36和35篇。西班牙维戈大学的Pérez María发

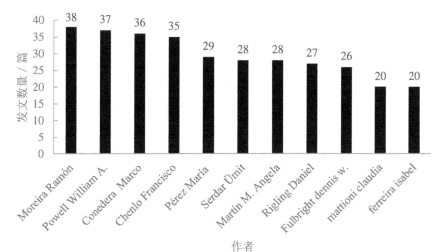

图7-7　高产作者分布

文量为29篇。来自西班牙土耳其奥都古兹·玛伊斯大学的Serdar Ümit、西班牙科尔多瓦大学的Martín M. Angela发文数量均为28篇。其余学者，发文数量均在20～27篇。

（6）高产作者合作网络分析

运用VOSviewer绘制作者合作分布图谱（图7-8），图中节点大小表示发文数量，节点之间连线代表连接强度。从图中可以看出，围绕国际板栗科学领域的高产学者，形成了多学者协同的创新合作网络。

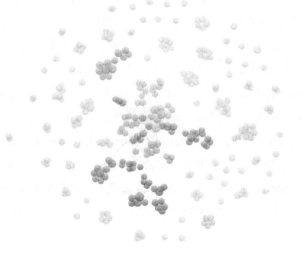

图7-8　板栗基础研究高产作者合作网络

总体上，高产作者合作网络呈现"小分散、大聚集"的格局。网络中有395位高产作者，节点间连线有749条，网络密度为0.009 6。总体连线中，201条线值为1，而线值大于1的比例为73.2%，即所有的高产作者合作关系中，73.2%为重复合作。全部作者中，作者数量与伙伴数量也呈现"二八原理"。绝大多数作者高产伙伴数量不多。50个作者，占总体12.7%的没有高产作者合作伙伴。而伙伴数量最多的值为4个，作者数量为61个，占作者总量约15.4%。其次，伙伴数量为2和3的作者数量分别为58个、53个。总体上，占作者总量67.3%的作者中合作伙伴数量小于等于4个。相比而言，只有接近作者总量15%的作者，其伙伴数量在7个（包含）以上。随着合作伙伴数量的增加，对应作者人数减少。拥有7或8个伙伴的作者数量均为12个，但9个伙伴的作者数量减少至9个。其后，随着伙伴数量增加至10个、11个，作者数量减少至6个。而伙伴数量为12个、13个时，作者数量分别为4个、6个。拥有最多16个伙伴的作者，人数仅为1个。

如图7-9所示，在高产作者合作最大连通子图中，全部作者中的1.3%，高产作者中的30.8%通过最大连通子图形成了板栗创新基础知识通畅的网络。形成的330对合作关系对中，线值为1的为119条，即占总合作关系中的36%为1次合作，64%的合作频次大于1，即多次合作渐趋形成。在网络中，节点平均度为5.4，即节点平均拥有的合作伙伴数量为5.4个。而与伙伴合作的平均频次为7.9次，密度为0.045。在最大连通子图中，以不同国家学者为网络的核心节点为引领，形成了跨国合作群体。其中，中间中心度最大的为法国波尔多大学的Barreneche Teresa，值为0.47。瑞士联邦森林、雪与景观研究所的Rigling Daniel，其值也为0.4，法国波尔多大学的Robin Cecile，值为0.38。

图7-9　板栗基础研究作者合作最大连通子图

作者合作第二大连通子图规模达到了32，仅为第一大连通子图的26.2%。形成的102对合作关系对中，线值为1的为40条，即占总合作关系中的39.2%为1次合作，60.8%的合作频次大于1，即多次合作渐趋形成。在网络中，节点平均度为6.37，即节点平均拥有的合作伙伴数量为6.37个。而与伙伴合作的平均频次为19.6次，密度为0.21。第二大连通子图中，包含来自中国的北京农学院、北京林业大学、河北省农林科学院昌黎果树研究所的学者。

（7）国际板栗研究机构分析

虽然板栗基础研究对应机构数量众多，但大多数机构发文数量不多。其中，总体中65.7%的机构发文数量为1篇，总体中89.8%的机构发文数量低于5篇。如图7-10所示，前十机构中，圣地亚哥大学发文数量最多，达到了102篇。其次，美国特拉斯大学和美国农业部发文数量接近，分别有82篇、81篇。瑞士联邦理工学院和布拉干加政治学院以及瑞士联邦森林、雪与景观研究所发文数量也接近80篇。图西亚大学、美国林务局、都灵大学发文数量均在61～69篇之间。西班牙科学研究理事会、北京林业大学发文数量分别达到了61篇和52篇。上述机构的国家分布中，美国对应的机构数量最多，有4家。其次，意大利、瑞士分别有2家。西班牙、中国、葡萄牙各有1家。全球板栗基础研究主要机构中，大学占据垄断地位。从机构类型分布分析，大学数量最多，为7家。其次，研究所、政府机构各有2家。

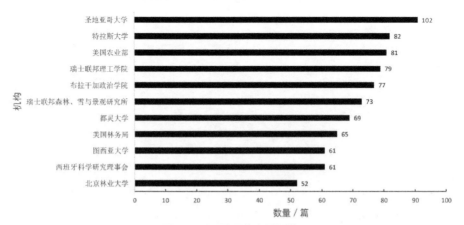

图7-10　板栗研究主要机构

在板栗基础研究合作中，存在强合作对，意味着强合作关系已经形成。在机构强合作对中，葡萄牙的布拉干萨理工学与波尔图大学合作频次最多，达到28次。佛罗伦萨大学与比萨大学、美国板栗基金会与美国森林服务部、中国科学院与中国科学院大学合作也很频繁，频次分别为14次、11次、11次。均位于西班牙的科尔多瓦大学与埃斯特雷马杜拉大学，合作了10次。而田纳西大学与美国森林服务部、国家研究委员会与科尔多瓦大学、埃武拉大学与里斯本大学均分别合作了9次。美国板栗基金会与宾夕法尼亚州立大学也合作了8次。在上述强合作关系对中，除去国家研究委员会与科尔多瓦大学为跨越西班牙与意大利两国间机构合作外，其他均为国家内部不同机构间的合作。在机构来源国中，集中在葡萄牙、意大利、美国、中国、日本、西班牙。

　　（8）国际板栗研究基金资助分析

　　如图7-11所示，在板栗基础研究中，中国国家自然科学基金资助数量最多，达到了153项。其次，欧洲委员会资助数量也达到了121项。葡萄牙科学技术基金和西班牙政府分别资助了92和78项。美国农业部和西班牙Xunta De Galicia基金资助数量相同，均为35项。西班牙科技创新部、美国国家科学基金会均为33项。美国板栗基金会和美国林务局分别资助了32和23项。中央高校基本科研业务资助了20项。从基金来源国家和国家构成中，以中国数量最多，为173项。其次，西班牙资助了146项。美国和欧洲资助数量接近，分别有123和121项。葡萄牙则资助了92项。

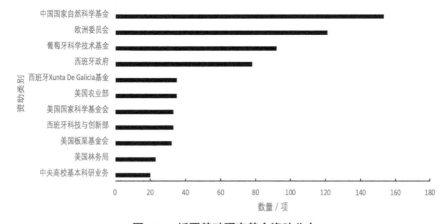

图7-11　板栗基础研究基金资助分布

7.2 代表性国家板栗研究分析

7.2.1 美国板栗研究分析

美国社会经济发展较为成熟，科学研究体系较为完备，其板栗基础研究领域也一直处于全球主导地位。

（1）美国板栗研究发文时序分布

如图7-12所示，2000—2021年，美国的板栗发文数量呈现波动变化，年均值为18.4篇，可将整个阶段划分为两个时期。2000—2010年，为发展时期。在此的11年间，除2004年发文高于均值，其余10年均低于均值水平。其中，2000年发文数量最低，为7篇。2011—2021年，为螺旋增长阶段。此间，除2015年稍低于均值水平，其他9年的发文数量均高于均值水平。尤其是2012年和2019年，发文数量分别达到了31篇、35篇。

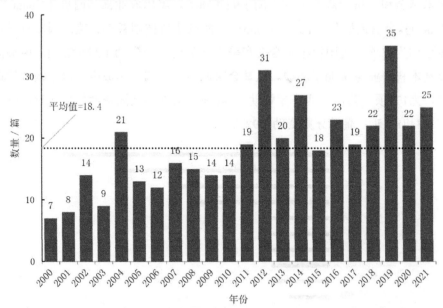

图7-12 美国板栗基础研究发文时序分布

（2）美国板栗研究领域分布

如图7-13所示，美国板栗基础研究各领域分布中，林业发文数量最多，为79篇。其次为植物科学，为78篇。而生态、园艺、食品科学技术领域发文量分别只有56篇、46篇、39篇。

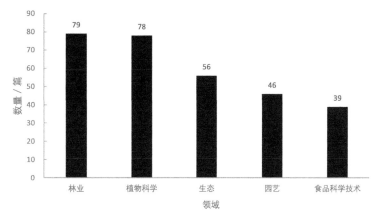

图7-13　美国板栗基础研究领域分布

如图7-14所示，与领域发文绝对量排序不尽相同，美国板栗基础研究各领域发文占全球的比重排序中，植物科学占比最高，超过全球一半，达到了52.34%。园艺、林业、生态相对量接近，分别为29.81%、29.11%、28.89%。食品科学技术领域占比最少，仅有7.77%。

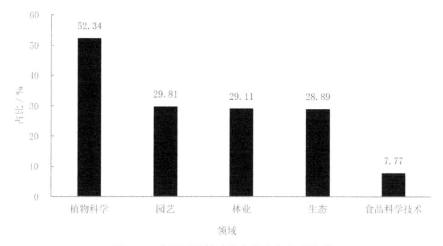

图7-14　美国板栗基础研究发文占全球比重

（3）美国板栗研究合作网络分析

随着板栗科学研究涉及的领域及其分工越来越精细，科学实验的操作、科学数据的处理越来越需要科学共同体合作完成，因而国际合作日趋紧密。

如图7-15所示，美国板栗基础研究合作网络中，与32个国家有合作关系，合作频次达到了159次。其中，美国的最大合作伙伴是中国，共合作37次。其次为意大利，共合作18次。第三大合作伙伴为土耳其，合作频次为11次。第四位为加拿大、韩国（并列），均分别合作了10次。

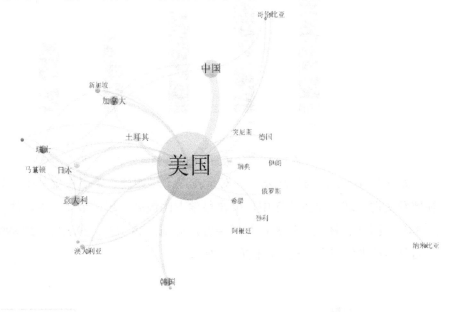

图7-15　美国板栗基础研究合作网络图

（4）美国板栗研究机构合作网络分析

美国众多的板栗基础研究机构之间，存在较多的跨机构合作关系。如图7-16所示，在全部363个机构节点间，连线为852条，表明机构间合作关系有852对。机构间合作总频次则达到了1 047次。说明在美国众多的板栗基础研究机构间，存在较多的跨机构合作关系。

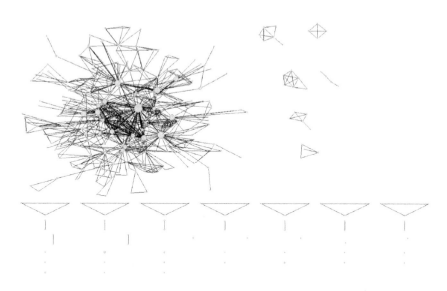

图7-16　美国板栗基础研究机构合作网络图

　　通过最大连通子图，网络中节点均能直接或间接相连，因而能实现知识资源传递效率提高。如图7-17所示，在美国板栗基础研究机构合作中，合作频次大于5次的机构最大连通子图规模为38，机构间直接连线为118条。其中，美国森林服务局合作伙伴数量最多，为20个。克莱姆森大学、板栗基金会合作伙伴分别有16个、15个。美国森林服务局的中间中心度最高，担当着美国板栗合作网络中的重要"桥梁"节点，对应值为0.32。其次，康奈尔大学的"桥梁"作用也很重要，其中间中心度值位居第二，达到了0.19。在众多的合作伙伴对中，美国板栗基金会和美国森林服务局合作频次最高，达到了11次。另外，美国森林服务局与克莱姆森大学合作频次也达到了7次。

图7-17　美国板栗基础研究机构合作最大连通子图

（5）美国板栗研究突现词分析

突现词指其运用频次在某一节点内突然上升或下降的词组。通过分析突现词，可反映特定时间段内的研究前沿及其随时间发展的历史演变情况，从而了解学者们未来的研究方向。本研究中，利用突现性检测对整理好的907篇文献进行分析，将突现词的最小持续时间单位设置为2，γ=0.9，筛选出了7个突现关键词。如图7-18所示，出现时间最早、持续时间也最长、突现强调最高的词为生物防控（biological control），该词突现持续时间为2001—2009年，突现强度高达4.19。栗疫菌（endothiaparasitica）突现时间从2001年持续至2004年，突现强度也较高，达到了3.84。栗疫病（blight）的突现时间为2003—2009年。种植（growth）的突现时间为2003—2007年。其后，毒性（virulence）持续时长较短，突现时间为2008—2009年。目前，基因工程（genetic engineering）是美国学者的研究方向。

Keywords	Year	Strength	Begin	End	2000 - 2022
biological control	2001	4.19	2001	2009	
endothia parasitica	2001	3.84	2001	2004	
blight	2003	3.05	2003	2009	
growth	2003	2.87	2003	2007	
virulence	2008	3.16	2008	2009	
castanea mollissima	2012	2.91	2017	2018	
genetic engineering	2014	3.15	2019	2022	

图7-18　美国板栗基础研究突现词前7位分析

7.2.2 中国板栗研究分析

（1）中国板栗研究发文时序分布

如图7-19所示，中国板栗基础研究总体呈现波动增长态势，2001—2007年，年发文数量不多，基本集中在1～4篇。其后，2008—2013年，数量呈现小幅增加态势，发文数量集中在7～16篇，其中2011年数量最多，达到16篇。2014—2017年，数量在20篇上下波动。2018年后，中国板栗基础研究进入增长较快的阶段，年发文数量持续增加，从2018年的34篇，到2020年的38篇，2021年更是达到了48篇。总体上，中国板栗基础研究处于增长阶段。

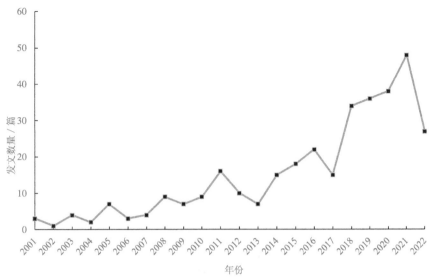

图7-19 中国板栗发文时序分布

（2）中国板栗研究领先机构分布

如图7-20所示，在板栗发文前十机构中，以大学、研究机构及政府部门为主。前两位机构发文优势突出，发文数量占前十总量的44.5%。其中，发文量第一的为北京林业大学，发文数量达到了47篇，优势突出。第二位为中国科学院，发文数量也达到了43篇。从第三位开始，发文量与前二位差距较大。第三位华中农业大学发文数量为18篇。中国农业大学发文17篇，位居第四位。

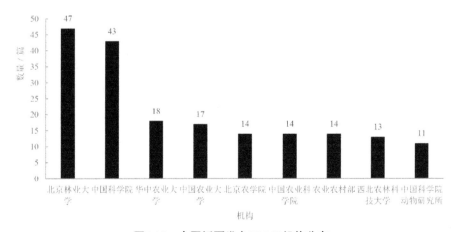

图7-20 中国板栗发文TOP10机构分布

（3）中国板栗研究领域分布

如图7-21所示，中国板栗基础研究领域中，食品科学技术领域占主导地位，发文数量达到了83篇，是第二位应用化学发文数量的2.59倍。而植物科学、生物技术与应用微生物学发文数量分别为30篇、24篇。生物化学与分子生物学、材料科学多学科、营养学三类学科发文数量相同，均为20篇。

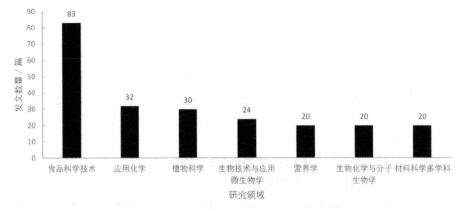

图7-21 中国板栗基础研究主要领域分布

（4）中国板栗研究机构共现分析

如图7-22所示，中国板栗研究机构共现图中，共有319个机构，机构节点间有476条连线，节点间的连接频次为576次。在机构共现网络中，最大的连通子图由185个机构节点构成，节点间直接连线有374条，子图密度则为0.02。子图中平均每个节点机构与4.04个其他机构有直接合作关系。

中间中心度指的是一个结点担任其他两个结点之间最短路的桥梁的次数。一个结点充当"中介"的次数越高，它的中间中心度就越大。在中国板栗基础研究合作最大连通子图中，中国科学院拥有最大的中间中心度值，为0.625 2，在网络中为中心节点，起信息传递纽带的作用。其次，北京林业大学、北京农学院中间中心度也较高，分别为0.270 7、0.237 5。中国农业大学对应值也达到了0.169。值得注意的是，在中间中心度前十机构中，有3家国外大学，分别是阿卜杜勒阿齐兹国王大学、维戈大学、美国农业科学研究院。而在前十中，包含的7家中国机构中，只有北京农学院为市属院校，其他均为国家级机构。另外，7家中国机构中，4家为大学，3家为研究机构。

图7-22　中国板栗研究机构共现图

　　在合作伙伴数量排序（前十名）中，4家为研究机构，其余6家为大学。按机构属性划分，除去北京农学院为市属高校，河北省农林科学院为省属科研机构，其余8家均为国家级机构。前十中，中国科学院拥有的合作伙伴数量最多，达到了51个，优势突出。而位居第二位的北京林业大学，伙伴数量不足中国科学院的一半，仅为25个。北京大学和中国农业科学院的合作伙伴数分别为18个和15个。中国农业大学的伙伴数量则达到了13个。另外三家机构，河北省农林科学院、北京农学院、中国林业科学院伙伴数量均为12个。浙江大学、中南林业科技大学则均有10个合作伙伴。

　　加权度反映了与伙伴的合作频次，反映合作的频繁、密切程度。在前十机构中，仅有青岛农业大学、北京农学院为地方级机构，其他均为国家级机构。中国科学院与伙伴的合作频次最高，为65次。而位居第二的北京林业大学，与伙伴合作的频次为49次。相对前2个机构，位居第三、四位的机构，其与伙伴的合作频次明显减少，分别只有25次、24次。其后，位居第五至第十位的机构，其频次间差距极小，中南林业科技大学、华中农业大学分别与伙伴合作了17次，青岛农业大学、北京农学院均为16次。而中国农业大学、西北农林大学分别与伙伴合作了14次。值得注意的是，与伙伴的平均合作频次中，只有华中农业大学超过2,为2.125次。北京林业大学接近2,为1.96次。青岛农业大学、中南林业科技大学、中国农业科学院分别为1.78次、1.7次、1.6次,其余5家机构与伙伴的平均合作频次均低于1.6次。

如图7-23所示,发文量超过5篇的机构中,既存在众多机构关联的连通子图,也有仅为两方合作的节点对,同时也有孤立节点。河北科技师范学院为独立节点机构,没有与其他机构合作,独立发文数量达到了10篇。而华盛顿州立大学与西北农林科技大学合作频次达到了6次。最大连通子图由21个机构节点构成,其中中国科学院与9个机构有合作关系,北京林业大学的合作机构数量也达到了6个,中国农业科学研究院则与5个机构有合作关系。在最大连通子图中,中国科学院中间中心度最高,为0.4,具有最强的板栗基础研究信息传递能力。其次,北京林业大学与北京农学院的信息中介作用也较大。

图7-23　中国板栗主要研究机构合作网络图

（5）中国板栗研究突现词分析

利用突现性检测对整理好的文献进行分析，将突现词的最小持续时间单位设置为2，γ=0.5，筛选出了7个突现关键词。如图7-24所示，出现时间最早的词为板栗壳（chestnueshell），突现时间为2014—2016年。而其后，抗性(resistance)持续时间最长，为2015—2018年。水果（fruit）、生物化学特性（physicochemicalproperty）突现时间均集中在2016—2017年，突现强度较高。糊化（gelatinization）是板栗淀粉、全粉研究中非常重要的指标，突现时间集中在2016—2018年。生长（growth）、表达（expression）是近年来板栗研究的方向。

Keywords	Year	Strength	Begin	End	2012 - 2022
chestnut shell	2014	1.44	2014	2016	
resistance	2015	1.62	2015	2018	
fruit	2016	3.08	2016	2017	
physicochemical property	2016	2.82	2016	2017	
gelatinization	2016	2.16	2016	2018	
growth	2017	1.54	2017	2019	
expression	2018	1.33	2018	2020	

图7-24　中国板栗基础研究突现词前7位分析

7.3 国内板栗研究分析

中国是板栗种植大国，板栗广泛分布于中国的寒温带、中温带和暖温带，是重要的木本粮食树种之一。板栗作为一种高淀粉类树种，其风味独特、营养价值高，栽培面较广，具有很高的经济价值和生态价值，现已成推动乡村经济振兴和建设美丽中国的重要产业。随着板栗产业的发展，我国学者对板栗的基础研究内容更加丰富，研究范围也更加广泛。本书分析2011—2021年板栗研究论文文献数据，对论文产出情况、研究热点、知识基础以及演化历程进行探究和总结，为促进国内相关理论研究与实践发展提供参考。主要运用的软件工具有CiteSpace、Ucinet、VOSviewer、Pajek等。论文发表时间范围为2011—2021年。来源期刊主要包含SCI来源期刊、EI来源期刊、核心期刊、CSSCI。

7.3.1 发文时序分布

如图7-25所示，2011—2014年，我国板栗发文平均每年85.25篇，且较平稳保持。2011年和2012年发文量分别为87篇、86篇。2013年减少至79篇。2014年，达到89篇。2015年后，板栗发文呈现小幅下降态势。2015年和2016发文年分别为67篇和69篇，2017年后每年发文均低于60篇。2021年发文为49篇。

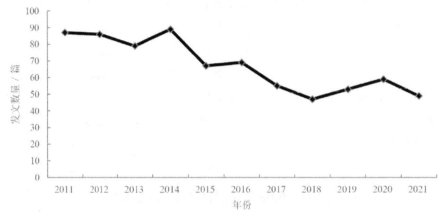

图7-25 2011—2021年板栗发文时序分布

7.3.2 基金资助分析

如图7-26所示，在基金资助中，国家自然科学基金数量最多，为93项。国家科技支撑计划资助数量第二，但与第一位差距明显，为45项。国家重点研发计划资助项目数位列第三，为26项。第四、第五位基金资助均来自湖北省，分别为湖北省自然科学基金、湖北省教育委员会科学研究计划项目，资助数量分别为23项和18项。第六和第七位资助基金分别为河南省科技攻关计划、山东省农业良种工程项目，资助数量分别为16项和15项。国家农业科技成果转化资金、北京市科技计划项目资助数量相同，均为10项。

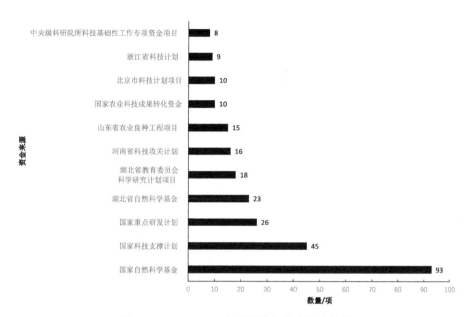

图7-26 2011—2021年板栗发文基金资助分析

7.3.3 板栗发文机构分析

如图7-27所示，发文机构中，北京林业大学遥遥领先，发文数量达到了101篇。北京市农林科学院农业综合发展研究所位列第二位，发文数量不足第一位的一半，为42篇。河北科技师范学院位列第三位，发文数量为39篇。位列第四位的黄冈师范学院发文数量则为34篇。河北省农林科学院昌黎果树研究所位列第五位，发文数量为26篇。广西大学和山东省农业科学院果树研究所发文数量接近，分别位列第六、第七位，发文数量分别为19篇和18篇。北京农学院和浙江农林大学发文数量相同，均为16篇。西南林业大学、信阳农林学院的发文数量相同，均为15篇。

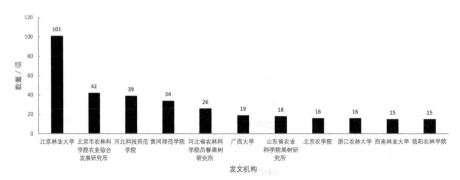

图7-27　2011—2021年板栗发文机构分析

7.3.4 板栗研究学科分布

如图7-28所示，发文所属学科中，果树学科发文数量最多，为321篇。其次，食品学科发文数量达到了217篇。植物保护学科发文数量位列第三，但数量明显减少，仅有55篇。化学工程和化学学科分别位列第四、第五位，发文数量分别为32篇和22篇。环境、中药与方剂发文数量接近，分别为19篇和18篇。农业经济和纺织学科发文数量相同，均为15篇。生物和蔬菜学科发文数量分别为11篇和10篇。

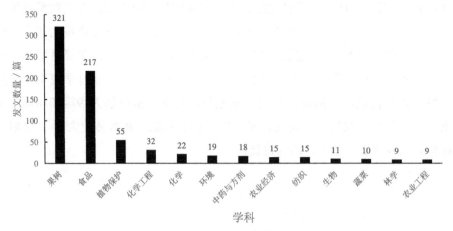

图7-28　2011—2021年板栗发文学科分布

7.3.5 板栗研究作者分布

　　某一研究领域中，论文发表数量多且影响力较大的作者称为高产作者。高产作者可能在该领域起到引领作用，也可能是合作者团队的核心成员。因此，通过分析其学术成果，可以大致掌握板栗领域的研究思想与观点。根据普赖斯定律，某一研究领域高产作者数量确定的计算公式为 $N = 0.749\sqrt{N_{max}}$，其中 N_{max} 代表本领域发文最多作者的发文量，若某作者发表论文数不小于 N_{min}，则该作者为本领域的高产作者。在全部1887篇文献的作者中，发文量最多的是郭素娟，发文达到了72篇，根据公式计算可知 N_{min} =6.355，据此，本书确定发文7篇及以上的作者为高产作者。目前国内板栗研究领域作者群体中，发表 1 篇文献的作者数量为 2 794位，占作者总体比例为74.17%，高于60%；而高产作者数量为107人，占作者总量的2.84%，发文数量占论文总量的22.3%。上述分析表明，在我国板栗基础研究领域，学者构成呈现"金字塔"式分布：塔的底部，是大量的低产作者，构成了板栗研究队伍的主力；而高产作者数量不多，却处于塔的顶部。

　　板栗相关研究中，发文量达22篇及以上的作者有19位。可大致将作者分为五类：第一类，发文量高于70篇。该类作者属于极高产作者，为北京林业大学的郭素娟，其发文量最多，达到了72篇。从2011—2021年，每年都有发文。但创新活力仅有26.39%，位列第12位。第二类，发文量介于40~50篇之间，该类作者数量为4位。其中，3位均来自河北省农林科学院昌黎果树研究所，分别是王广鹏、李颖、张树航。另外一位为北京农学院的秦岭。其中，王广鹏的发文量为48篇，位列第二，其创新活力达到了37.5%，位列第七，总体而言，近三年的发文量较平稳。另外两位学者，分别是李颖、张树航，发文量分别是45篇、44篇，其创新活力分别为40%和38.64%。来自北京农学院的秦岭，其发文量为47篇，排名第三；其创新活力为34.04%，位列第九。第三类，发文量介于30~40篇之间。包含三位学者，分别是河北青龙职教中心的王天元、北京农学院的曹庆芹、武汉轻工大学的程水源，其发文量分别为35篇、32篇、31篇。创新活力则分别为34.29%、31.25%、3.23%。第四类，发文量介于20~30篇之间，有11位学者。其中，郭燕、张馨方均来自河北省农林科学院昌黎果树研究所，发文量均为28篇。来自北京林业大学的邹锋，其发文量达到了24篇，创新活力为33.3%。同样来自黄冈师范学院的程华、李琳玲，发文量也均为28篇。北京农学院的邢宇、张卿，发文量均为23篇。其余学者，发文均为22篇，分别为来自河北科技师范学院的常学东、山东省果树研究所的沈广宁、北京市农林科学院农业综合发展研究所的兰彦平、北京林业大学的熊欢。从发文量视角分析，总体19位学者发文量均值为32.8篇。其中，前6位学者发文量超过均值。

从创新活力视角分析，均值为29.4%，前11位学者的创新活力值高于均值，后8位低于均值水平。郭燕、张馨方的创新活力值最高，均为57.14%，表明二人在2019—2021年三年中发文数量超过其他人十年间发文量的一半多。程华、李琳玲、程水源三位学者，其创新活力均不足4%，近三年发文数量较少，分别为3.6%、3.6%、3.2%。

除自身主观因素外，高产作者的地位、科研能力与其所属的科研机构密切相关，高产作者的分布是学术力量或科研资源分配的另类表现形式。对于研究者来说，毕业于重点院校或就职于高水平的研究机构对其学术产出乃至学术威望都有积极作用。从机构构成视角分析，前19位学者中，主要来自高校、研究机构。其中，高校学者数量最多，有11位。高校分别分布于北京、河北、湖北。其次，7位来自研究所，集中在河北省农林科学院昌黎果树研究所、北京市农林科学院农业综合发展研究所、山东省果树研究所。仅1位来自河北青龙职教中心。从研究领域分析，前19位学者中，18位学者研究领域为园艺、林业、农艺学、植物保护领域，只有河北科技师范学院的常学东从事板栗食品开发领域研究。

第8章　板栗专利研究现状分析

专利信息能够体现技术竞争态势，而技术竞争态势则反映产业竞争。专利是科技创新的源泉之一，而板栗专利指标是反应板栗创新过程的重要指标。随着板栗专利申请量的增长加速，掌握前沿领域及关键技术的专利权成为各机构（专利权人）相互竞争的热点。因此，本章从专利信息角度出发，把握板栗技术竞争态势，从而发现板栗专利构成、演化、国家分布、机构构成。

8.1 数据来源与处理方法

用国际专利分类法分类专利文献而得到的分类号，称为国际专利分类号。由于专利审查员在进行文献分类时，受专业知识、文献质量等因素影响，容易出现国际专利分类号与"专利技术领域"不对应的情况。为避免直接使用专利文献的国际专利分类号而出现技术领域偏差或错误，本书对分析专利文献涉及的技术领域重新进行人工标引，以提高专利文献信息技术领域与板栗产业发展实际的契合度。

8.2 全球专利申请分析

8.2.1 全球板栗专利申请趋势

通过专利申请趋势可以从宏观层面把握分析对象在各时期的专利申请热度变化。申请数量的统计范围是目前已公开的专利。一般发明专利在申请后

3～18个月公开，实用新型专利和外观设计专利在申请后6个月左右公开。

如图8-1所示，从全球来看，1985—2011年，板栗专利申请在长达27年的时间里，每年的申请量不超过100项，总体处于缓慢增加阶段。其中，1985—1996年，除1986年的21项专利，其他11年中，每年的专利申请不超过20项。1997年之后，每年申请数量有所增加，每年均在20项（包含）之上，其中1997年当年，为32项；2003年和2005年均超过40项，分别为41项和46项；2008年更是达到了58项；2010年和2011年，板栗专利申请数量已经开始有明显的增加，数量分别达到了73项和72项。

2012—2016年，全球板栗专利申请进入持续高速增长的黄金五年时期：2012—2014年，每年申请均超过100项，分别达到了101项、148项、191项；2015年达到了220项；2016年达到了388项，为研究期内最高值。2017年之后，与2016年相比，申请数量虽有所下降，但依然保持较高的申请水平：2017年为289项，2018年为212项。2019年和2020年分别为116项和124项。

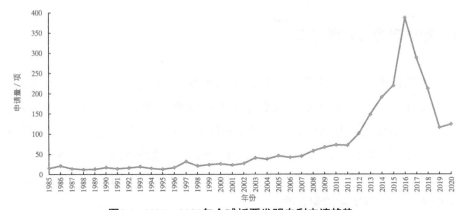

图8-1　1985—2020年全球板栗发明专利申请趋势

8.2.2 全球板栗专利生命周期

生命周期分析是专利定量分析中最常用的方法之一。通过分析专利技术所处的发展阶段，推测未来技术发展方向。它针对的研究对象可以是某件专利文献所代表技术的生命周期，也可以是某一技术领域整体技术生命周期。

如图8-2所示，1985—1996年，板栗的相关专利申请人数量和专利数量增加缓慢，1996年之前，除个别年份，大多数年份申请人数量在20以内。该时期，专利数量变化不大，基本申请量在10～20项之间。大多数年份，平均单个申请人申请专利数量在1项之内。1997—2009年，申请人的数量和专利申请的数量均发生明显的变化，增速有加快态势：申请人数量在30～50项之间，专利申请数量集中在30项左右。2010年，申请人数量出现较大波动，达到了105人，专利申请数量也增加至73项。从2011—2016年，板栗专利申请呈现迅速增长阶段：申请人数量和专利数量都出现了较快增长的态势，申请人从2011年的62项，到2012年的89项，2013年达到了123项，2014年和2015年达到了166项和148项，2016年达到了最高值191项。相比专利权人数量变化，专利申请数量变化增速更快，从2011年的72项，到2012年和2013年分别达到了101项和148项。2014年和2015年继续快速增长，分别达到了191项和220项，2016年更是达到了最高值388项。这表明有关板栗的研究与利用日益受到重视，在市场需求的推动下，众多研究力量进入该领域的研发，研究主体的活跃度持续增加，使板栗技术进入快速发展期。2017年以后，申请人数量呈现微弱下降态势，申请数量也有减少。但考虑到专利从申请到公开需要的时限，综合判断，板栗专利的生命周期还是处于成熟期阶段。

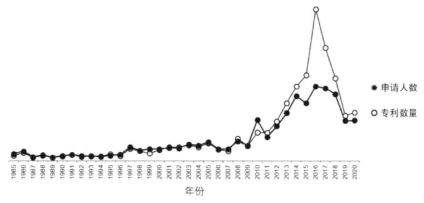

图8-2 1985—2020年全球板栗专利申请人及数量变化趋势

8.2.3 全球板栗专利地域分布

板栗专利代表了板栗应用研究的状况。如图8-3所示，从全球来看，中国的板栗专利申请高达1 883项，占全球的69.13%。其次，日本和韩国的专利申请量虽位列第二、第三位，但专利申请数量却分别只有248项和240项，只有中国的13.17%和12.75%。巴西位列第四，申请量不足100项，只有79项。而第五位后的国家（组织），其专利申请数量均不足30项。其中，法国和美国均申请了29项，意大利27项，世界知识产权组织25项，西班牙22项，印尼19项。

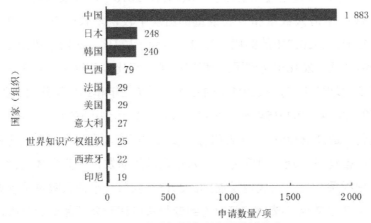

图8-3　全球板栗专利主要地域分布

8.2.4 全球板栗专利技术构成

如图8-4所示，全球板栗专利技术构成中，A23L专利数量达到了867项，占专利总量的32.64%。其次，A23N专利数量虽然位居第二位，但数量仅为A23L的57%，达到了495项。此外，A01G专利数量为172项，A23B专利数量为166项，A61K为157项，A21D为133项，C05G为118项，A61P为86项，A23G为83项，A01D为76项。

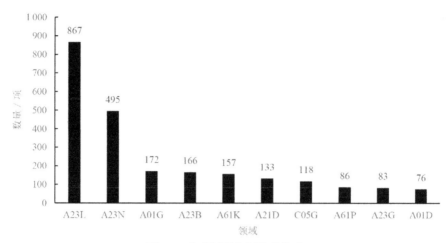

图8-4　全球板栗专利技术构成

8.2.5 专利全球技术申请趋势

　　如图8-5所示，1985—1999年的15年时间里，A23L领域专利处于萌芽阶段：专利申请数量每年不多，振荡变化，总量为70项，每年专利申请平均为4.67项。1989年专利申请最少，为1项。1997年专利申请最多，为9项。2000—2009年，A23L专利申请进入缓慢发展的10年：绝大多数年份，专利申请处于10～20项之间。此阶段中，2008年专利申请最多，为23项。10年时间，专利申请总量达到了148项，年均专利申请为14.8项。2010—2016年，专利申请处于快速增长阶段：此阶段的最小值，为2011年的21项；最大值在2016年，达到了198项。7年时间，专利申请总和为471项，平均每年专利申请为67.28项。2016年一年的专利申请数量，比1985—2009年15年的总和还多。2016年后，考虑到专利从申请到公开的时限，专利申请数量依然保持在平稳发展态势。

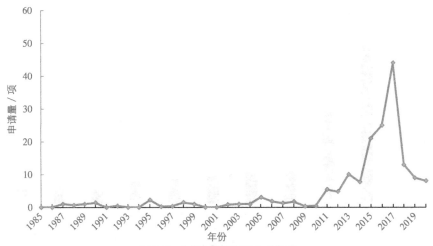

图8-5　全球A23L专利申请趋势

通过专利申请地域分析可以了解分析对象在不同国家技术创新的活跃情况，从而发现主要的技术创新来源国和重要的目标市场。

如图8-6所示，全球A23L类板栗专利中，中国申请数量占全球数量的73.31%，占据绝对优势地位。其次，位列第二和第三位的日本和韩国，申请专利数量分别为91项和88项，仅占中国申请数量的13.9%和13.5%。而位列第四位的巴西和世界知识产权组织，专利申请数量仅为16项和14项。其后的国家，专利申请数量均不足10项，数量很少。

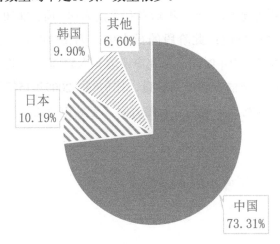

图8-6　全球A23L专利申请地域分布

如图8-7所示，A23L类专利中，主要申请机构中，来自中国安徽省的安庆天然蜂坊蜂业有限公司、安庆天工匠造食品有限公司、安徽真心食品有限公司专利申请数量在全球分布位列前三位，申请数量分别为21项、20项、15项。高校中的河北科技师范学院、北京农学院申请数量分别为13项和6项。国外公司Kanebo Foods申请数量为6项。

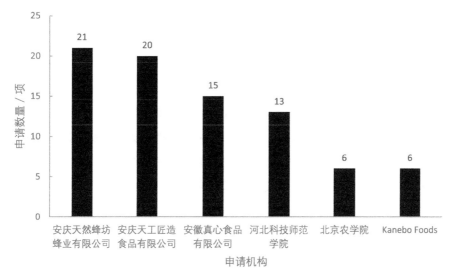

图8-7 全球板栗专利A23L主要申请人

如图8-8所示，1985—2008年，除去个别年份，全球A23N的专利申请振荡变化，但每年维持在较低水平，申请总量为89项，年均3.7项。2009—2015年，专利申请进入持续增加阶段，2009年还只有6项，2010年达到9项。2011—2013年，每年专利申请在10~20项之间。2014年达到了23项，2015年达到了50项。在此阶段，专利申请总量为128项，年均专利申请达到了18.29项。此后，从2016年开始，专利申请有增有减，2016年为22项。2018年达到研究期内最高值，为69项，2020年也为50项。在5年的时间，专利申请达到了221项，平均每年专利申请为44.2项。应该说，该领域专利申请依然保持较高的申请态势。

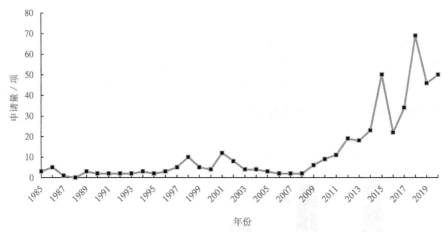

图8-8　全球A23N专利申请趋势

A23N专利的申请，中国也是一枝独秀，申请量达到了495项，占全球专利申请总量的68.28%。位列第二、第三位的日本和韩国，该领域专利申请数量分别只有65项和47项，分别仅占全球该类总量的13.13%和9.49%。巴西专利申请也达到了25项。除此之外，其他国家的专利申请均低于5项。A23N专利前十申请人中，包含2位个人、3家公司、3所大学和1家研究院。除去1个国外申请机构，其余9个均来自中国。

如图8-9所示，全球A01G专利申请在1985—2004年的20年间，专利申请没有连续分布，有12年的时间申请数为0。其余8年中申请量最多的年份是1995年，为3项。此阶段，专利申请总量仅为12项，为A01G技术的萌芽时期。2005—2014年的10年时间，专利申请呈现连续分布。其间，2013年最多，为10项，10年的申请总量达到了41项，每年平均为4.1项。2015—2017年，该领域发展较快，从2015年的21项增加至2016年的26项，到2017年达到了研究期内最高值，44项。3年的时间，专利申请总量达到了91项，每年平均申请30多项。2018—2020年，虽然专利申请呈现下降的态势，但每年依然为10项左右。

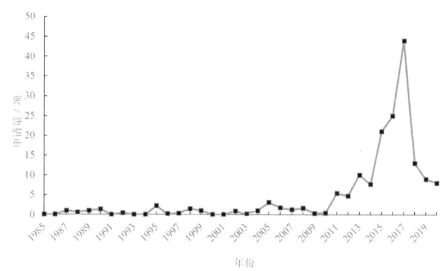

图8-9　全球A01G专利申请趋势分析

A01G全球专利申请地域排名中，中国占专利申请总体的95.4%。位列第二的芬兰和日本专利申请仅为3项，其他国家均低于2项。如上文所示，全球板栗专利A01G申请主要集中在中国，因而主要申请人分析参见下文中中国部分的分析。

如图8-10所示，全球A23B专利申请中，中国和日本分别位列第一和第二位，专利申请数量分别为105项和50项，两国专利申请数量之和占全球总量的88.57%。而中国申请量占全球的比例为60%。韩国位列第三，仅有8项。其他国家均不足4项。

A23B前十专利申请人中，差距很小，并列第一位的前4家公司，申请量均为4项。后面第五至第十申请人，申请数量均为3项。前十申请人申请总量为34项，占总体的19.43%。前十申请人中，5家为外国公司，其余5家中，包含2家中国企业、1家研究所、1所大学、1位个人申请者。

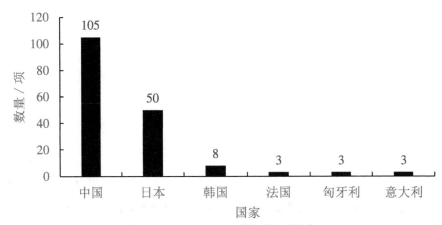

图8-10 全球A23B专利申请地域分布

如图8-11所示，全球A61K专利申请中，1985—2004年，专利申请时断时续，最多的时候申请数量也只有每年4项。其间，申请总量为31项，每年平均申请为1.55项。从2005—2013年，专利申请连续呈现较好发展态势，其中最少的年份是2006年，为2项。2014—2017年，4年的时间，专利的申请每年均在10～20项之间。其中，最多的年份是2014年，达到了17项。2018年，数量有所下降，但2018年和2019年，每年的申请数量也有8项和9项。

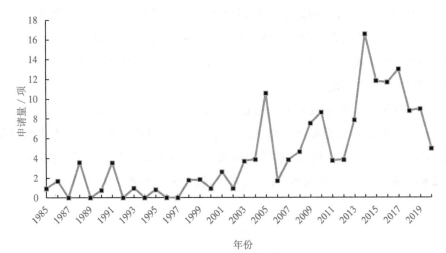

图8-11 全球A61K专利申请趋势分析

A61K专利申请地域中，中国和韩国数量接近，分别为56项和51项，占总量的比例分别为32.56%和29.65%。日本位列第三，申请数量为14项。其余国家（组织）的专利申请均不足10项。

前十申请人中，除了第一的河北科技师范学院为中国机构，其余9家均为国外机构。

如图8-12所示，全球A21D专利的申请在2010年之前总和仅为10项，大多数年份申请量仅为1项。2011年开始，相关领域专利申请呈现持续性，2011年申请数量为8项，2013年达到了13项，2015年达到了研究期内最高值，为30项，2016年也为26项。2017年开始，申请量有所下降，也达到了16项。此后，2018年为8项。2011—2020年的10年中，每年的平均申请量为12.3项，有明显增加。

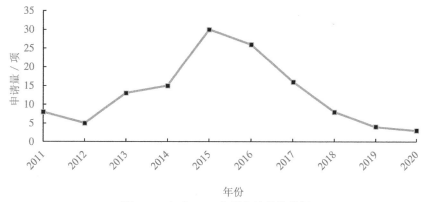

图8-12　全球A21D专利申请趋势分析

如图8-13、图8-14所示，全球A21D专利申请地域中，中国优势突出，占据总量86.57%的份额。位居第二位的韩国数量仅有9项，其余国家（组织），专利申请均低于4项。

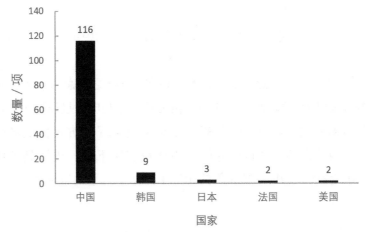

图8-13 全球A21D专利申请地域分布

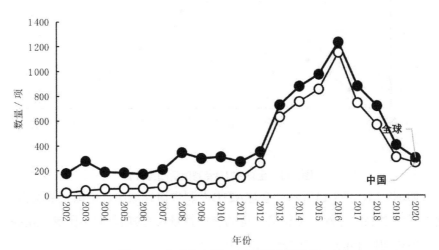

图8-14 全球和中国A21D专利申请趋势

注：2019—2020年专利申请量应考虑专利公布时间的滞后性。

如图8-15所示，全球A61P专利申请中，中国申请数量为47项，占全球总量的48.45%。韩国申请量排名第二，占全球总量的20.62%。日本排名第三，占总量的11.34%。A61P专利主要申请人中，位列第一位的河北科技师范学院专利申请数量突出，达到了11项。第二位之后的申请人，专利申请数量均不足5项。前十申请人中，包含2所中国大学，分别是河北科技师范学院和北京农学院，其余2～8位，均为国外的机构。

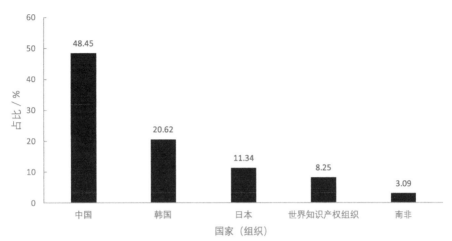

图8-15　全球 A61P专利申请地域占比

此外，A23G专利为板栗甜品、糖、果脯、冰激凌制备。全球专利总量83项，2002年之前，专利的申请呈现断断续续，1985—2001年，申请数量之和为14项。此阶段，有10年的时间没有专利申请。2002年至今，相关领域专利申请基本呈现持续性，每年都有专利申请，当然，每年申请的专利数量不多。其间，2013年达到最高值，为8项。

此类专利的主要申请国为中国，占据领域的一半多。其次为日本和韩国，申请量分别为19项和16项，两国数量之和少于中国申请量。前十名申请人中，有2家中国研究院及个人，其他均为国外的机构或个人。主要申请人申请数量差距非常小，最多的申请数量仅有2项。

A01D为板栗的收获相关专利。1985—2012年，对应领域专利的申请形成持续性：28年的时间，专利申请总量仅为17项。其中有17年的时间，没有专利申请。2013年开始，专利申请呈现持续性，但每年的申请量不多，2013年为5项，2014—2016年均为4项。2017年最多，为11项。2020年达到了10项。对应申请地域，中国专利申请占全球总量的67.53%。位居第二、第三位的意大利和法国，专利申请仅分别为7项、6项。专利前十名申请人中，中国的机构和个人有6个，国外的机构有4家。最多的申请者，申请量也只有5项。

8.2.6 结论

考虑板栗的专利申请领域，前十领域专利数量差别较大：位列第一位的专利领域专利数量远超第十位的专利数量，达801项。A23L类专利申请数量最多，其次为A23N类，A23N类专利数量是A23L类的55.8%。与位居前两位的类别相比，A23B、A01G、A61K三类专利数量相近，申请数量分别为180项、176项和173项。后面的两类，A21D和C05G类，数量也均超过100项，分别为134项和118项。而其余的三类，A61P、A23G和A01D，其申请数量均不足100项，分别为97项、82项、77项。

从时间序列视角，全球板栗专利代表板栗应用研究的发展状况，在2016年达到了顶峰，近几年，依然处于平稳的发展态势。1985—1997年的十几年中，各类别专利申请均不活跃，每个类别的年专利申请数量均不超过10项。1998年之后，A23L和A23N两类的专利申请稍有增加，但优势并不突出。但是，2003—2017年，15年的时间，A23L一直是板栗专利领域的最大类别，长盛不衰。2011年开始，A23N类别申请也逐渐增加，到2018年达到最高值，而从2018年开始，A23N成为专利申请领域中的最大类别。2013年起，其他专利类别也开始了稳步的增长、发展态势。

从不同国家角度分析，前十领域中，中国有8个领域的专利申请数量占全球份额超过50%。其中，C05G更是达到了100%。而在A61P领域中，专利申请占全球比例接近50%，达到了48.45%。A61K领域占比稍低，为32.37%。在全球领域，板栗的应用研究最多的国家为中国，主导着板栗研发的发展方向。

8.3 中国专利申请总体分析

8.3.1 中国板栗专利申请趋势

1985—2003年，中国的板栗专利申请优势并不明显，与日本、韩国差距不明显。在不同的年份，三个国家交替占据世界板栗专利申请第一的位置。各国家的年度专利申请，最多也仅为10项左右。2004年开始，与其他国家相比，中国优势逐渐凸显。从2004—2009年，与第二位差距较小，每年的差距约10项。但是，从2010年开始，中国与其他国家的差距不断加大，特别是2010—2016年，专利申请大幅度增加，差距不断加大。

如图8-16所示，从2002—2008年，中国板栗专利申请占全球申请比例呈现持续上升的态势。2002年和2003年占地分别为12.4%和14.4%。2004年和2005年，均突破20%，占地分别为27.1%和29.7%。2006—2008年，又突破30%，占地分别达到了32.2%、33.5%和32.2%。2009年比例有所下降，但依然保持在26.1%的较高比例。2010年，当年占比达到了33.4%。此后，2011年，中国板栗专利申请占全球比例超过一半，达到了53.3%。从2012年开始，比例一直保持在70%以上的高份额：2012年突破70%，达到了74.1%。2013—2015年，接近90%。2016年超过90%，达到了93.3%。2017—2020年，4年的时间，有两年超过80%，两年接近80%。2020年所占比例为87.2%。可以说，从板栗专利申请视角，中国的板栗技术水平代表着全球的技术水平，中国的板栗技术发展趋势也能够代表全球的板栗技术走向。

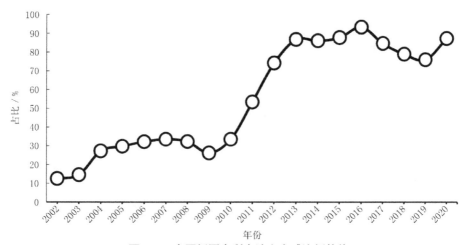

图8-16　中国板栗专利申请占全球比例趋势

如图8-17所示，从绝对值看，2002—2012年，全球与中国板栗专利申请数量呈现出缓慢增长态势。全球板栗专利申请，从2002—2006年的5年时间里，只有2003年超过200项，其他4年均低于200项。2002年为177项，2004年、2005年、2006年分别为188项、182项、171项。2007—2010年，每年板栗专利申请总体继续保持增长态势。2007年突破200项，达到了209项。而2008年、2010年和2012年，3年的专利申请数量均在300项以上。2009年为299项，2011年稍有下降，为272项。2012—2016年，世界和中国板栗专利申请量均呈现高速增长态势。2012年全球专利申请为352项，2013年为2012年的两倍多，达到了728项。2014年接近900项，达到了879项。2015年更是接近1000项，为976项。2016年板栗全球专利申请超过1000项，达到了1234项。2017—2018年，全球板栗专利申请数量呈现下降态势，但也保持在每年800项左右的水平。

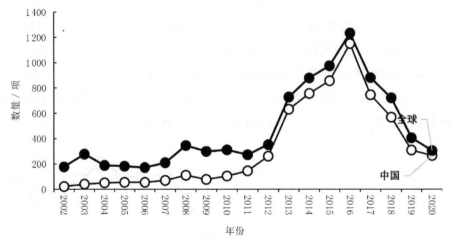

图8-17　全球和中国板栗专利申请趋势

注：2019—2020年专利申请量应考虑专利公布时间的滞后性。

8.3.2 中国板栗专利技术生命周期

技术生命周期是一种以周期变化为特征的技术变革模式，是产业分析、技术预测的主要内容。随着时间的推移，技术创新在不同阶段具有不同的特质。总体上，技术生命周期主要经过萌芽期、成长期、成熟期、衰退期和复苏期5个发展阶段。

本书利用专利申请量与申请人数量随时间的推移变化来分析当前板栗领域生命周期所处阶段。从1985—2005年，相关领域专利申请人和专利申请量均较少，此时领域技术生命周期处于萌芽期。此阶段，板栗专利以发明专利为主（100%），主要为原理性的基础专利，参与研发的企业数量较少。2006—2016年，该领域专利申请量及专利申请人数量急剧上升，领域技术生命周期进入成长期。在此阶段，基本发明纵向和横向发展，实用新型专利逐渐出现（5.90%），技术有了突破性进展，市场扩大，进入企业开始增多。2017年后，该领域专利申请数量和专利申请人数量呈现减少态势，然而对于该领域技术生命周期是否真正进入衰退期需要今后的长期观察。

8.3.3 中国板栗专利地域分布

如表8-1所示，虽然板栗专利的分布在中国18个省（自治区、直辖市），但呈现出极大的不均衡性。按数量分布，可分成几类：第一类，专利数量超400项，此类中只有安徽一个省。第二类，专利申请数量超过100项，不足200项，包含6个省（自治区），分别是河北省、广西壮族自治区、江苏省、山东省、广东省、浙江省。其中，河北省、广西壮族自治区的专利数量相同，均为181项。江苏省、山东省接近，分别为137项和126项。广东省、浙江省两地的专利申请分别是112项和105项。第三类，接近100项，对应包含湖北省、北京市，专利申请数量分别有97项和93项。第四类，专利申请数量为40～50项，包含3个省，分别是辽宁省、陕西省、贵州省。其中，辽宁省专利申请数量达到了47项。第五类，专利申请数量为30～40项。包含4地，为河南省、天津市、云南省、福建省。第六类，专利申请数量为20～30项。包含2地，为湖南省和重庆市，专利申请数量均为27项。第七类，专利申请数量为10～20项。包含4地。第八类，专利申请数量不足10项，包含6地。值得注意的是，安徽省板栗专利数量位列第一，达到了452项，占全国总量的24.15%，是位列第二和第三（并列）的河北省和广西壮族自治区专利数量的2.5倍，在数量上拥有绝对优势。

表 8-1　中国板栗专利申请地域分布

类别	地域
第一类	安徽省
第二类	河北省、广西壮族自治区、江苏省、山东省、广东省、浙江省

（续表）

类别	地域
第三类	湖北省、北京市
第四类	辽宁省、陕西省、贵州省
第五类	河南省、天津市、云南省、福建省
第六类	湖南省、重庆市

第9章　基于专利的河北省板栗产业
技术创新研究

　　板栗是我国五大优势经济林树种之一。河北省板栗种植区主要集中在燕山山脉，板栗的种植对涵养当地生态、增加农户收入具有重要意义。虽然河北省板栗产业发展拥有良好的自然禀赋资源，历史悠久，在全国处于前列，但是目前依然面临诸多问题，体现在板栗品种、板栗栽培、板栗病虫害防治，板栗贮藏、板栗加工、板栗副产品再利用等方面。

　　创新是引领产业发展的第一动力。基于专利对创新的研究，一直都是研究者们关注的热点。板栗领域专利是衡量区域板栗自主创新能力的依据。本章基于专利数据，对河北省板栗产业技术创新进行研究，结构大致如下：第一部分，分析国内外研究现状进行。第二部分，对本章相关概念进行说明。第三部分，梳理河北省板栗产业技术创新现状，包括专利申请趋势、技术类型分析、申请人分析、空间分布。第四部分，基于比较优势理论支撑，以全国平均水平为参照，基于板栗专利细分领域，依据数量、质量优势指数，识别优势及"卡脖子"技术领域，以实现对不同技术领域分类施策。第五部分，剖析技术创新中存在的问题。第六部分，提出河北省板栗产业技术创新能力提升对策。

9.1 国内外研究现状

9.1.1 国外研究现状

（1）对技术创新理论的研究

国外技术创新研究大致可以归纳为以下几个学派，即新熊彼特学派、新古典学派、制度创新学派、国家创新体系学派。

新熊彼特学派的代表人物是斯菲尔德和卡曼等人。该学派基于熊彼特创新理论中原有的思想理论，进一步指出技术创新和技术进步作为经济发展的重要内容，并且该学派还认为企业家是推动创新的主体力量。研究的侧重点主要是技术创新的影响因素，如企业的组织行为和市场结构等。

索洛作为新古典学派的主要代表人物，该学派的观点是经济增长的内生动力是技术创新，且经济增长不可或缺的因素也是技术创新。技术本身就存在着公共商品性、非独占性以及外部性等市场失灵的特性。为了能够有效地促进技术创新的进步和提升，政府可以发挥其主动作用，实施一定的干预举措，如著名的索洛模型，这样做的目的是可以精确地知道技术进步和技术创新在经济增长方面所作出的贡献率。

兰斯·戴维斯和道格拉斯·诺斯等人所代表的是制度创新学派。该学派主要是利用一般静态均衡和比较静态均衡方法来展示对于技术创新的理解，该方法来自新古典经济学理论。该学派通过对技术创新的外部环境进行制度分析，证明只有在履行对人提供一种有效刺激的制度时，才会进一步促进经济增长。"制度创新"产生的前提是预期成本低于预期受益。该学派将熊彼特的"创新"理论与制度主义结合在一起，目的是能够深入地研究在制度安排方面，国家对经济增长发挥了什么作用，所以在原有基础上进一步发展了熊彼特的制度创新思想。但是新古典范式作为该学派的主要研究方法，所得出来的经验实证方法很难得以利用。后期在制度创新经济学的发展中，主要集中于宏观或中观层面，也有部分延伸到了企业微观的制度创新层面。

英国学者弗里曼、美国学者纳尔逊是国家创新体系学派的主要代表人物，弗里曼（2004）在其文章中指出，在产品的制作过程中所包含的技术应用、产品的生产与设计、企业的管理和市场活动均有技术创新的体现。弗里曼认为创新举措的成功与否，并不能将市场盈利看作是主要的衡量指标。他认为技术创新是否取得成功主要是依赖于价值上能否实现盈利，其次是市场的作用，即市场份额的收益变化。

约瑟夫·熊彼特（J. A. Schumpeter）认为技术创新是生产资料的全新组合，即从生产要素到产品生产这个过程中所进行的创新。他强调，企业（尤其是大型企业）是技术创新中的主要力量，其"技术创新是商业周期的重要推动力"这一论述在经济学中产生了重大的影响。

（2）专利界定及价值讨论

国外学者对于专利的界定也有不同的看法，Niemann H. 等学者（2017）对于专利的界定来源于《美国法典》中专利法这一章节，认为专利可以分为专利申请人、专利发明人、专利的分类号（国际专利分类）、通用专利分类。Choi J. 等学者（2014）认为专利由技术实施的内容、专利技术IPC分类代码、专利引用信息以及专利所有者信息所组成的。Yoon B. 等学者（2004）认为专利文件主要由申请日期、下发日期、受让人和发明人，以及对专利所应用领域进行系统的描述等信息所组成。Abbas A. 等学者（2014）通过研究发现，结构化和非结构化的数据都存在于专利内容中，并且许多专利在进行分析时会使用专利文献元数据进行定性或定量分析。

从微观角度和宏观角度分别来看，许多国外文献对专利分析的价值也进行了讨论。在微观角度上，Choi J. 等学者（2014）认为专利的技术发展水平、专利技术的未来发展趋势以及专利自身的价值是可以通过专利分析来获取的。Song K. 等学者（2017）认为得到一种新的专利技术最常用的方法之一就是通过专利分析，从系统的分析中可以识别出最新出现的技术或者哪些技术领域还是相对空白。Sun H. 等学者（2018）指出技术创新最终产出结果是专利本身，通过专利分析可以有效提高企业的研发能力。在宏观角度上，Moussa B. 等学者（2017）通过研究发现，国际专利行为所涉及的范围比较广，许多申请人决定在国外申请专利，这也是为了避免第三国的模仿者模仿而采取的保护技术创新的有效措施。Kayser V. 等学者（2017）通过研究发现，专利分析主要是用来指导国际上的一些专利行为，进一步从侧面反映出有价值的信息是贯穿于企业国际竞争之中的。

（3）专利分析方法的应用

Choi J. 等学者（2014）依据网络的专利分析方法，聚焦发光二极管和无线宽带领域，确定了其专利发展趋势。Bo W. 等学者（2018）对能源技术领域的专利内容进行了量化分析，并引入文档主题，最终将能源技术含量依照标准划分为不同的主题类型。Porto Linares等学者（2019）研究了专利网络的技术路径，表明将其作为一种有效方法是必不可少的，并用来了解技术知识流动和技术发展趋势。

9.1.2 国内研究现状

（1）技术创新定义研究

我国对于技术创新的研究开始于20世纪80年代。不同的学者对技术创新也有不同的认识。范柏乃（2004）认为技术创新是以市场为导向、提高产品质量为目标，新产品、新技术、新工艺的产生要经过技术的认定，以及程序化、标准化后，将它们应用于生产、推向市场的一系列活动的总和。张凤海（2010）认为技术创新是指创新主体在生产实践活动中重新调配生产要素和条件，有计划、有安排地将生产活动过程中所积累起来的知识、经验和技能联结、运用起来，并取得显著的经济效益或具有潜在的经济效益。阳双梅（2013）认为的技术创新是将动态地、系统地、主动性地构建新的产品、服务及服务的组合拓展到已有的产品、服务中，并积极寻找可行、更好或最佳获利方式的过程，也称为"广义创新"。姚升（2017）认为在实践中要让新思想得到应用和实现，由此带来技术生产要素的变化，并且这种变化能够得到市场的准许，包括了一系列的动态过程，比如生产工艺的创新、产品质量的提高等。

（2）专利和技术创新的关系研究

冯晓青（2002）认为专利与企业技术创新之间有着密不可分的关系，二者相互促进、相辅相成。企业发展所具备的首要优势是由技术创新的性质和特点来决定的，企业在对专利制度进行了解后制定的制度对于专利的安全性可以得到更切实的保护，从而扩大技术的发展空间。余翔（2006）认为专利与技术创新之间是有一定联系的，因此需要建立企业与技术创新相结合的专利战略机制，以专利战略作为指引，带动技术创新的发展。周勇涛（2009）认为技术创新与专利战略之间要进行转换的话，需要挖掘其潜在的逻辑关系。技术创新的产生与发展可以激发并快速形成专利战略，而反过来专利战略的形成又为技术创新的发展提供指引，二者之间相互依赖、相互转化。华鹰（2010）将一系列相对应的环节看成是一个体系，这一个体系又称之为一个价值链，此价值链的构成包括技术创新与专利战略。技术创新在企业实施专利战略中发挥重要作用，并且企业在进行技术创新活动时应考虑专利战略的相关问题。

①技术创新的专利战略分析。赵鹏飞（2005）认为在企业实施经营战略的过程中，要充分考虑专利战略的作用，选好实施专利战略的突破口是企业在技术创新中最重要的一步。刘凤朝（2005）认为企业要从长远的战略目标出发，将专利信息充分、有效地利用，为达到企业效益最大化而采取谋略。王芳、梁小威（2009）提出了在不同模式下，企业专利战略的选择依据。

②专利在技术创新中的应用研究。张韵君（2014）提出创新技术有三个特征，分别是新颖性、创造性和实用性，其特征的来源是以专利的"三性"为出处。该学者认为专利战略和企业技术创新之间的关系，在时间上有继起性，在空间上有并存性。卜远芳（2015）的研究主要是将4G移动通信技术领域作为研究对象，通过对该领域的信息进行搜寻，将得到的专利信息进行统计和分析，进而探究我国4G技术的发展现状，分析其所处的行业地位。有效地识别竞争对手，客观研究竞争对手的技术研发动向，梳理该专利的申请数量和申请类别，把握技术发展的总体态势，从而预测未来的技术发展趋势。宋亚刚（2017）从专利信息的视角出发，将专利计量指标用于评价体育用品的企业技术创新能力，并在此基础上利用因子分析方法来对我国体育用品企业的技术创新能力和发展水平进行系统的分析与测算。

（3）板栗产业发展存在的问题

品种问题方面的研究。曹均、陈俊（2009）认为北京板栗在品种选育时应用最多的还是传统的品种，存在不易大范围种植、难结果、产量较低等问题。高希春（2017）认为岫岩县的板栗品种是十分丰富的，但是质量却难以与数量相匹配，经济效益难以发挥。果农在种植板栗时将板栗的种植面积和板栗的产量作为重点方面，导致许多问题都难以解决。大多数果农为了在短时间内提高板栗的产量，没有进行选苗，导致所种板栗种苗质量参差不齐，无法保障板栗的质量。一些果农没有经过专业农技知识的培训，不能够因地制宜根据不同县市的当地环境来种植板栗种苗，种植结构严重不合理。艾建安、谭龙娟等（2019）认为广东省各个板栗产区在开始大力开展板栗种植时，大部分沿用的还是实生苗栽培，使板栗产量达不到最初标准、经济效益差，影响了果农种植积极性。且大力发展板栗栽种时没有进行合理规划，对板栗的种苗没有进行优质选取，甚至种下了不达标的板栗种苗。品种杂且密植，树长得高大，果园荫蔽封行现象普遍，同一品种群体中不同单株产量和品质差异大，结果迟、果小、产量低。贾长安、金晏环（2020）认为多年来，镇安板栗嫁接方式更多的是采取随意嫁接的方式，这样的操作导致果树良莠不齐，嫁接出的品种混杂。

栽培管理技术方面的研究。王秀竹（2010）认为我国关于栗树的栽培大多是自由栽培，许多栗生产者只注重板栗的产量而忽视了板栗的质量，且生产集约化程度不高。在种植管理上，没有形成集约化管理的意识。王高建、樊毅（2011）认为镇安板栗生产的各个环节较薄弱，且集约化程度低。虽然注册了商标，且有机板栗基地得到认证，但是品牌效益始终没有发挥出最大作用。选育的品种较老、单产低，板栗园的管理相对粗放，这些因素制约了镇安板栗品牌的发挥和建设。杨静（2012）根据SWOT分析，总结出栽培专业水平偏低是迁西板栗存在的一个劣势。主要表现为迁西县地区的板栗生产方式是以家庭为单位进行种植，但是农民所种植的作物不局限于板栗，还包含基本生活粮食等其他作物，所以不论是果品的种植还是粮食种植，其种植的专业化程度普遍偏低。高希春（2017）认为岫岩县有十分丰富的种植经验是得益于多年的积累，但传统观念根深蒂固存在于农民心中，只种不管的粗放式管理是岫岩县需要进一步解决的问题。其次是由于果农没有受到专业人士的指导，不知道怎么进行科学的选育和种植，所采取的种植技术仍是传统方法，果园的管理方式一直是粗放式管理，新的管理方法和栽培技术仍然是果农较为缺乏的。甘明旭、柴传林（2018）认为产业化体系不完善、社会化服务体系不健全、板栗专业合作社以及其他相关的板栗产业协会没有做到对果农进行好的服务、板栗产业科研技术单位资金不足等因素导致板栗产业要想做到"产、学、研"的融合发展比较困难。艾建安、谭龙娟等（2019）认为广东省东源县板栗产业化、组织化服务程度低，缺乏相应的服务团队对栗农进行板栗品种嫁接改良、植保等工作。合作社的兴起本应为板栗产业的发展带来帮助，但是大多数的合作社都流于形式，没有真正起到合作社应有的服务作用。

精深加工方面的研究。王晴芳、徐育海（2011）认为湖北大别山区板栗多以鲜食为主，果形大，品质优，但由于含水量高，且成熟期多集中在9月份，不耐贮藏，常出现"丰产不丰收"现象。鄂丰霞等（2012）认为只有加工技术不断创新才能促进板栗生产和板栗加工企业的有效融合，加工环节是提升板栗产品附加值的关键环节。郁小华（2014）经过对罗田县各大商店、超市进行走访调查，认为比较热销的板栗制品主要有板栗果干、板栗果汁、糖炒板栗等，罗田县板栗生产加工业相比其他县来说较为落后，板栗加工阶段还处在初级阶段而且主要从事板栗原料、生板栗的销售，板栗加工制品的品种不够丰富、科学技术水平不高。导致深加工品种少，加工技术相对落后。艾建安、谭龙娟等（2019）认为东源板栗产业化程度仍然较低，且细看板栗加工企业，还是处于一种简单的季节性收购加工状态。大多数仍为初级加工产品，以炒栗作为主要加工品，工艺步骤简单，技术含量低，产品附加值不高，导致整体效益低下。

相关企业的研究。王高建、樊毅（2011）认为社会化服务体系不健全是陕西省镇安县存在的问题，龙头企业作为生产的主体，其带头作用没有充分发挥，在推动镇安县板栗产业高质量发展过程中没有起到关键性作用。陈芳芳、路剑（2011）认为河北省关于板栗的龙头企业少，深加工技术相比其他大省较为落后，且河北省板栗加工点数量众多，龙头企业的数量却严重不足。目前现有龙头企业存在规模偏小、科学技术含量偏低、抵抗风险能力较弱、经济实力缺乏等问题，以至于在扩大板栗市场和有效控制板栗的生产、运输等环节面临困难。大部分企业存在技术创新能力较弱、经济实力不足、辐射带动能力不强等问题。刘雅慧、鹿永华（2014）认为个体加工户和小型加工企业是山东省板栗加工龙头企业中的主要部分，但企业的种植户规模较小且组织化程度较低。另外，在同一市县内，部分小型加工企业，它们的功能、规模以及联合协作能力较弱，规模优势很难得到发挥。谭龙娟、宫晓波等（2020）认为广东省板栗大多数是以生鲜原料销售作为主要抓手，其生产方式主要是以家庭为主，板栗加工模式陈旧，且板栗加工企业在实际工作中很难将现代化手段作为主要方式。龙头企业的带动能力也没得到充分发挥，在板栗的栽培、生产、加工、贮藏、销售等环节没有形成一条完整、严密的产业链条。

（4）应对板栗产业发展的对策

在品种选育方面。在育种方面，应因地制宜，根据不同的地理环境选择最为合适的种苗。毕靖（2010）认为选育一定要尽可能实现高产量、高质量，要积极探索研究培育那种抵抗病虫害能力强能够适应恶劣环境的优质树种，加快淘汰劣质苗种。而罗田由于目前存在大面积的低产林，面临严峻的低产林改造任务，更需要结合当地种植条件选择最适宜的优质板栗品种进行选育。王晴芳、徐育海（2011）认为要加快良种的选育速度。针对湖北大别山板栗生产园品种混杂的现状，首先要了解市场需求，选育不同用途的优良品种。在选育时杜绝重视产量忽视质量的做法，重点培育适合各种加工用途的新品种。沈广宁（2012）认为从板栗产区利用自然保存下来的实生后代资源，选育符合目标要求的新品种，仍然是最为快捷和有效的育种途径。张力思、陈新等（2019）认为要利用圃存资源、应用各种育种先进技术，开展育种工作。对现存优异资源直接用于育种或生产推广，选育新品种以期促进中国板栗品种结构的优化发展。

在栽培管理方面。在栽培方面，刘志强（2013）认为应该把重点放在修剪树枝技术研究工作中去，为了适宜板栗树的生存环境，努力营造更好的空间环境。郭怀鑫（2013）认为板栗树间作栽培模式，不仅能提高板栗产量，而且还能改善地区的生态环境。罗田有部分板栗种植园长期不关心打理和剪枝，严重影响了板栗产量。所以聚焦当下应该积极引进和推广先进的修剪树枝技术，提高板栗产量，促进板栗园生产空间的集约高效发展。李国翠（2016）结合宁国市板栗生产实际，阐述了板栗的生物学特性，并从种子采集、育苗、造林、抚育管理、采收与贮藏等方面总结了板栗栽培管理技术，以期为板栗的高产提供依据。高新一（2018）认为要加强板栗的综合防治，结合冬剪，剪除病枯枝，移出果园集中烧毁，减少侵染源；还需要加强管理，增强树势抗病能力。鲁必发（2019）认为在板栗的日常栽培方面，应强化土壤管理。如加强松土、除草检查，发现缺株少苗现象时，应及时补植。若遇到干旱天气，还应及时浇水，为板栗的生长营造适宜的环境。张荣（2019）认为我们国家十分适合种植板栗，因为板栗自身苗木性强健，种植后存活率极高。所以说在选择种植土地时需要花费精力，目的是能够进一步提高板栗的产量与质量。在选择种植地时也需要考虑到是否有充足的阳光，能获取充足的光照也有利于板栗的生长。

在精深加工方面。在加工方面，魏玉君（2013）着重分析、总结了日本板栗在加工方面的经验，提出要有效借鉴国外成熟的采摘、贮藏经验和先进的加工技术。高海生、常学东（2016）认为近年来，板栗在贮藏加工方面发展较快，不仅延伸了板栗的产业化链条，也进一步提升了板栗产品的价值。任二芳、刘功德等（2018）认为我国作为板栗生产大国，目前销售板栗原料是板栗的主要销售方式，说明在板栗加工阶段，板栗的认知度不足，其板栗的粗加工也较为突出。如糖炒板栗，该产品在我国板栗消费市场的比重高达70%，而板栗深加工所占比例不到12%。贾长安、金晏环（2020）认为应加大板栗延伸产品研发，推出多样化的板栗产品。在乡村中要大力发展板栗深加工产业，以此可以作为实现乡村振兴战略的一个支撑产业，紧跟"互联网+"的时代发展潮流，建立线上销售渠道。张亚东（2021）认为板栗产业要想取得发展必须要把生产链条进行延伸，这样才能进一步促进产业的发展。通过科技创新，拓宽企业需要的精加工技术，重点放在产业化的关键技术研发层面，进一步将板栗的功能扩展到生物、医学等方面中。

在相关企业方面。王高建、樊毅（2011）认为政府要加深对企业的重视程度，加强企业在产业发展中的带动作用，重点扶持"龙头"企业积极进行技术创新，掌握自己真正的核心技术，为产品的发展打开市场。龙头企业要打破地域的局限性，与周边的企业做到合作共赢，带动全县乃至周边地区形成规模化和集团化。郁小华（2014）认为正是因为龙头企业起着决定性的作用，产业化经营才能够形成，也有利于后期将产品优势转化为商品优势。放眼整个板栗产业，其培育和引进龙头企业是十分关键的一步，所以在选择龙头企业时，要综合考虑各方因素，并予以重点扶持，调动龙头企业的能动作用，引领一方经济快速发展。王恒义、洪星等（2019）认为没有龙头企业带动，其产业都难以持久。要有目的地识别板栗企业的成功经验，立足市场，找准定位，鼓励支持企业不断发展创新产品，来适应市场消费需求。通过壮大龙头企业，完善产业链，实现一、二、三产深度融合发展。王荣荣（2020）认为邢台县板栗要抓住现有的资源优势，将板栗龙头企业作为重点扶持对象来发展。在提高企业数量的同时，也要把握其质量问题。扩大企业的建设规模，将创新能力得到提升，有效地将板栗种植、深加工和销售、储存环节逐步关联起来。支持本地龙头企业打造板栗产业品牌，挖掘板栗深加工市场潜力，不断提高产品附加值，拓宽营销渠道，带动板栗产业发展。

9.2 相关概念

9.2.1 技术创新

熊彼特认为"创新"是把一种从来没有过的关于生产要素的"新组合"引入生产体系，其目的在于获取潜在的超额利润。熊彼特所指的"新组合"包括以下几方面内容：引入新产品、引入新技术、开辟新的市场、控制原材料的供应来源、实现工业的新组织。同时，熊彼特认为发明和创新是两种不同的概念，发明和创新也存在先后顺序。发明是指发现一种新的工具或者是发现一种新的方案，而创新在一定程度来讲是指一种新工具或一个新方法的实施。并认为发明只有在实际中得到应用，才能真正做到影响经济的发展。熊彼特创新理论的基本观点是：创新是一种创造性的毁灭，每一次创新，都是在破坏旧资本的前提下实现生产要素的重新组合。只有经过一次次的创新，才能推动经济不断向前发展。

技术创新是指生产技术的创新，是一种以科学技术知识及其创造的资源为基础，以创造新技术为目的的创新活动。可以是创造一种新的技术，也可以是基于已有的技术开发一种新的产品和服务，进行新的应用开发。

9.2.2 专利

专利是被授予专利权的智力成果，同时在法律层面上受国家的保护。专利既可以表现为一项产品，又可以表现为一种生产方法，还有一种表现形式是技术方案，目的是解决某个特定的问题。专利主要由专利技术、专利文献和专利权三个方面构成。

按照我国专利法的规定，专利分为发明专利、实用新型专利和外观设计专利三种类型。发明专利是指发明出一种新的产品或新的方法，这些产品和方法必须具有创造性和实用性。与其他类型的专利相比，发明专利的技术含量和创造性程度最高，审批过程也最复杂。实用新型专利是指根据所需产品的不同形状来提供技术方案，其授权不需经过实质审查阶段。外观设计运用图画、美工等手段对所需产品进行外观上的改造，授予外观设计专利也不需要经历实质审查阶段。

9.3 河北省板栗产业技术创新现状

9.3.1 河北省板栗专利申请趋势分析

如图9-1所示，2009年之前，河北省板栗专利申请数量很少。2010—2017年，总体上呈波动增长态势，并在2017年达到最高值为17项。 其后，2018年至2021年，河北省板栗专利申请数量在10项上下波动。

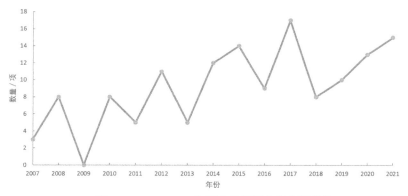

图9-1　2007—2021年河北省板栗专利申请趋势

9.3.2 河北省板栗专利技术类型分析

（1）河北省板栗专利技术类型构成

通过分析河北省板栗产业相关专利主要涉及的IPC小类，得出各种小类的申请数量以及所占比例。如表9-1可知，河北省板栗产业相关专利申请数量排名前十的主要IPC小类包括A23L、A61K、A61P、A01G、A23N、A01N、A01P、C08B、C12G、G01N。专利排名靠前的分别是A23L、A61K、A61P、A01G、A23N，专利数量所占百分比分别为22%、14%、14%、14%、8%，远超其他小类专利的申请数量。说明河北省板栗产业相关专利的主要技术集中在板栗的保存、去皮等相关专利技术。

表9-1　各类别专利的申请数量及所占比重

IPC小类	申请数量/项	所占比例/%	技术主题
A23L	30	22	食品或食料的一般保存
A61K	20	14	医用、牙科用或梳妆用的配制品
A61P	20	14	化合物或药物制剂的特定治疗活性
A01G	19	14	蔬菜、花卉、果树、葡萄、的栽培
A23N	11	8	蔬菜或水果的去皮
A01N	8	6	消毒剂，作为农药或作为除草剂
A01P	8	6	化学化合物或制剂的杀生
C08B	8	6	多糖类；其衍生物、发酵或用酶方法
C12G	7	5	葡萄酒；其制备；酒精饮料
G01N	7	5	借助于测定材料的化学或物理性质来测试或分析材料

（2）河北省板栗专利技术类型申请趋势

图9-2分析了2007—2021年河北省板栗专利技术构成IPC小类排在前十位的申请趋势，图中气泡面积的大小代表IPC小类申请数量的多少。从图中可以看出，A23L的专利申请数量在2008年和2015年较为突出；C08B、G01N的专利申请数量从2007—2021年的变化并不明显；A61K和A61P的专利申请数量从2011年开始稍有起色，在2015—2018年出现小高峰的增长趋势。侧面反映出

河北省的研究者们在A61K和A61P方向上不断探寻板栗专利技术的过程，为后期河北省板栗相关专利的研究积累了经验。同时，在A01N、A01P、A23N等方向上的专利申请数量则表现出不温不火的状态。可以推测，在这段时间板栗专利技术在以上几个方向对于河北省的研究者来说是一个全新的领域，每取得一项成果都是一个新的突破。总体而言，近几年河北省在A01G、A61K和A61P等领域的专利申请呈增长趋势，可见在板栗的栽培、生物及医药方面的研究是河北省板栗专利的热点。板栗的去皮、贮藏保鲜、饮料发酵等领域在未来长时间内仍将是河北省板栗专利研究的重点方向。

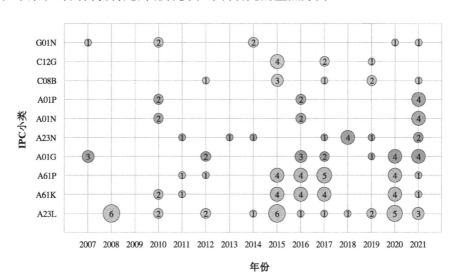

图9-2　2007—2021年河北省板栗专利技术类型

9.3.3 河北省板栗专利申请人分析

（1）主要申请人排名

如图9-3所示，河北省板栗专利主要申请机构中，申请数量大于5项的依次为：河北科技师范学院、河北省农林科学院昌黎果树研究所、河北栗源食品有限公司、河北科技大学、河北农业大学、河北巨人岛食品有限公司。从中可以看出河北省高校以及科研单位在板栗技术创新方面取得了很大的成就。除河北栗源食品有限公司、河北巨人鸟食品有限公司以外，其余4个全都为河北省高校及科研单位。从专利申请数量上来看，河北科技师范学院位列第一，该校基于板栗专利的技术实力明显领先于图中其他专利申请人，专利申请数量高达58项。紧跟其后的是河北省农林科学院昌黎果树研究所，专利申请数量为18项。

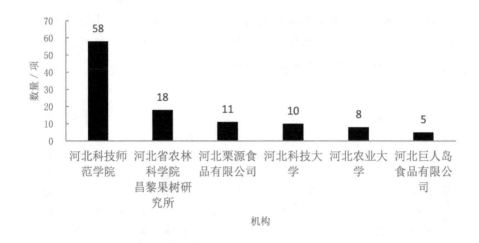

图9-3 河北省板栗专利主要申请机构

（2）申请人专利的类别

依照申请人所申请的专利类别可知，大多数的申请人为河北省高校，部分为河北省的食品公司，但每个高校或公司在板栗技术创新的研究侧重点也有差异。河北科技师范学院在板栗技术发明申请和发明授权上的专利数量分别为41项和16项，排在第一位。这说明河北科技师范学院的研究方向更加侧重于发明，主要集中在A23L、A61K、A61P等方向。河北省其他高校虽然在发明申请专利、发明授权专利以及实用新型专利等方面也取得了一些进展，但总体上在板栗技术创新方面还存在不足，有待进一步提高。而河北栗源食品有限公司、河北燕山红食品有限公司、河北巨人岛食品有限公司的专利申请主要集中在实用新型专利和外观设计专利等方面。

（3）申请人专利的价值

通过进行专利价值评定，可以判断每个申请人在板栗技术创新方面专利的实际影响力和价值的大小。专利的价值测度为1～10，值为1说明专利价值弱，值为10则说明专利价值强。河北科技师范学院板栗专利数量排在第一位，且专利的价值总体上是最高的，总价值度为44，专利价值度在5以上的接近80%。排在第二、三位的专利申请人，其专利价值度分别为35、30，对应机构分别是河北农业大学，河北省农林科学院昌黎果树研究所。河北栗源食品有限公司专利价值度为21。价值度20以下的分别是河北科技大学、河北巨人岛食品有限公司、河北工业职业技术学院、河北燕山红食品有限公司、华北理工大学以及河北大学。

9.3.4 板栗专利在河北省地市空间分布情况分析

从图9-4可知，河北省板栗专利申请量排名前五位的城市分别是秦皇岛市、唐山市、石家庄市、保定市和承德市。从市域层级来看，10个IPC小类在秦皇岛均有分布，秦皇岛以99项专利成为河北省板栗技术创新专利数量的第一位，石家庄市以19项排在河北省板栗技术专利数量的第二位，唐山市、保定市还有承德市也占有一席之地。从类别来看，A23L则主要分布在秦皇岛市、唐山市和承德市，且秦皇岛市在这个小类中申请的数量是最多的。A23N除了在承德市没有分布，其他4个市域均有涉猎。A61P小类的分布绝大部分是在秦皇岛市，保定市占有2项。A61K主要分布在秦皇岛市、石家庄市和保定市，且秦皇岛市数量最多，为16项，石家庄市和保定市均为2项。A01G分布在秦皇岛市和石家庄市，分别为17项和2项。A01N、A01P也是分布在秦皇岛市和石家庄市，且申请数量相同，分别为6项、2项。C08B分布在秦皇岛市，数量为2项，石家庄市和保定市均为3项。C12G仅分布在秦皇岛市，为7项。G01N分布在秦皇岛市、石家庄市，数量分别为5项、2项。

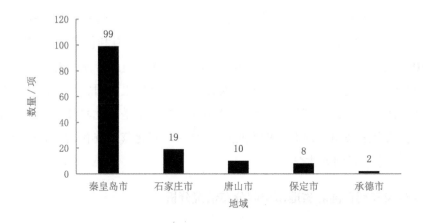

图9-4　板栗专利在河北省地市空间分布情况

从表9-2可以看出，秦皇岛市的板栗技术创新主要集中于A23L、A61K、A61P、A01G等领域，专利数量分别为21项、16项、18项、17项。唐山市的板栗技术创新主要集中在A23L领域，专利数量为7项；石家庄市的板栗相关专利的重点领域为A23N，专利数量为6项；保定市的板栗相关的专利重点领域为C08B，专利数量为3项；承德市的板栗相关专利重点领域为A23L，专利数量为2项。

表9-2　板栗专利在河北省地市空间分布情况　　　　　单位：项

IPC小类	秦皇岛市	唐山市	石家庄市	保定市	承德市
A23L	21	7	0	0	2
A61K	16	0	2	2	0
A61P	18	0	0	2	0
A01G	17	0	2	0	0
A23N	1	3	6	1	0
A01N	6	0	2	0	0
A01P	6	0	2	0	0
C08B	2	0	3	3	0
C12G	7	0	0	0	0
G01N	5	0	2	0	0
总数	99	10	19	8	2

9.4 河北省板栗专利技术"卡脖子"领域分析

在省域视角下"卡脖子"的"卡"不再拘泥于刻意的技术封锁，而更多地反映出在竞争之中所存在的技术差距。下文进行的"卡脖子"分析是围绕发明专利领域展开的。对于板栗产业而言，从河北省省域尺度研究"卡脖子"技术领域又有多重意味。首先，河北省作为板栗种植大省，但并非板栗创新技术大省，通过识别、突破"卡脖子"技术领域，可以找到技术领域的薄弱环节。通过对"卡脖子"技术进行攻关，可整体带动产业链的所有技术环节高效发展。其次，我国是板栗创新第一大国，在国际领域占有绝对优势。可以说，河北省在"卡脖子"技术领域的突破，对我国板栗创新领域有巨大价值，对全球板栗创新同样适用。最后，板栗产业技术创新不同于其他产业，在绝大多数领域，国外竞争主体并不是造成"卡脖子"的主要因素。比较而言，国内其他省域却是河北省板栗创新的重要竞争主体。基于河北省板栗产业发展，凭借优良的资源禀赋，拥有中国及世界领域品质极佳的板栗原料供给，而攻克板栗技术创新关键技术领域的"卡脖子"难题是实现板栗产业高质量发展、带动山区振兴、提升国家经济综合竞争力的不二选择。

9.4.1 板栗发明专利技术的领域分布

（1）板栗专利技术领域分布分析

如图9-5、9-6所示，将板栗发明专利按照IPC分类号，综合考虑专业分类习惯、产业链各环节布局等因素，人工将领域细分成11个技术领域。通过统计11个领域的发明专利申请量，可知加工领域的专利申请量最多，为925项，占专利总量的比例为38.9%。去皮、去壳、划口、加工装置等专利申请数量次之，为575项，占总体的比例也达到了24.2%。其后，栽培类的专利数量位居第三，但其申请数量仅有231项，占总体的比例也只有9.7%。副产品再利用的专利数量位居第四，但其申请数量仅有94项，占总体的比例也只有4%。板栗及副产品提取物领域专利申请数量为90项。植保类专利与保鲜贮藏类专利数量接近，分别为57项和56项。采摘装置类专利数量则达到了51项。而生物技术、育种、检测专利数量也相差无几，分别为18项、15项和13项，占总体的比例仅为1%上下。

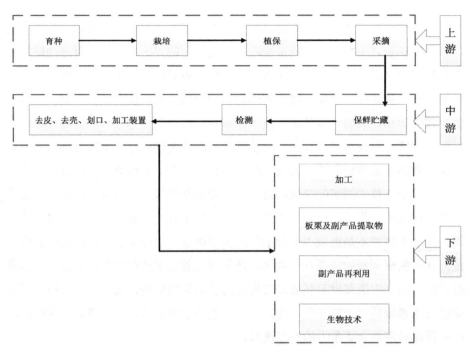

图9-5　板栗产业链构成

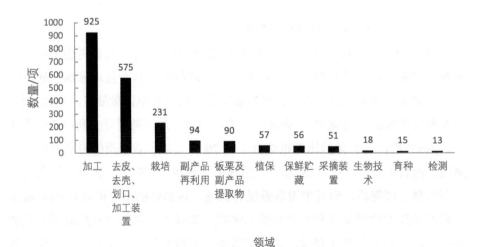

图9-6　中国板栗发明专利领域分布

与全国位序相同，在河北省板栗发明专利申请领域中，位列第一位的也是加工领域，占河北省专利总量的39.5%。其次，栽培类和去皮、去壳、划口、加工装置类数量接近，占河北省总量的比例分别为15.3%、14.1%。其他领域均不足10%。

（2）河北省主要技术领域板栗专利数量演化分析

由于河北省板栗专利总体（10个）领域中，有些领域专利数量很少，因而在进行这部分分析时，略去专利申请数量少于1个的领域，而着重分析板栗栽培，去皮、去壳、划口、加工装置，加工，副产品再利用，板栗及副产品提取物五个领域的演化发展。

如图9-7所示，在总体五个领域中，栽培创新起步最早，从2005年开始有专利申请，但在2008—2020年，专利申请并没有持续。从2013—2021年，专利申请呈现持续性，每年都有专利申请，且在2018年达到了年度申请最高值，为5项。与全国布局相同，在相关领域分布中，河北省的加工领域专利数量最多，起步较早，同时从2010—2021年，每年都有专利申请，呈现出持续创新态势。板栗及副产品提取物、副产品再利用均从2007年起开始有专利申

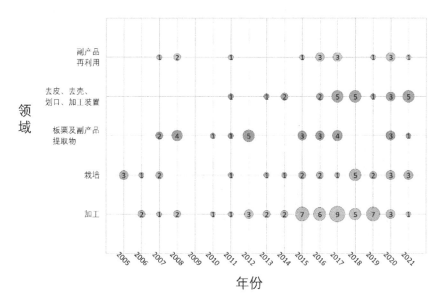

图9-7 河北省板栗发明专利主要领域时序申请分布

请，虽不是每年都有专利申请，但自2015年后，有延续态势。去皮、去壳、划口、加工装置，是板栗加工的关键环节，也是人工耗费较高的环节。相比于加工，该环节的专利申请比较滞后，2011年开始有专利申请，2016—2021年形成了申请时期的延续性，2017年、2018年、2021年每年的专利申请数量均有5项。

创新活力指数=近五年专利申请量/专利申请总量。专利总量可反映领域的技术积累程度，而创新活力指数重点测度近五年的专利产出占总体的比例，反映了对应领域的近期活跃程度。

如图9-8所示，通过梳理不同环节的创新活力指数，可判断出哪些环节为近期的热点、受关注度较高。在五个环节中，去皮、去壳、划口、加工装置环节创新活力指数最高，达到了76%，意味其专利总体中的76%为近五年申请。栽培领域创新活力指数也达到了51.9%，专利申请也有超过一半，为近五年申请。表明随着科学化种植模式的倡导，板栗的科学、高效栽培也已经成为行业的关注要点。副产品再利用，创新活力指数为50%，一半专利申请集中在近五年。在五个领域中加工、板栗及副产品提取物两个环节的创新活力指数低于50%，其中加工领域的对应数值为46.3%，接近50%。而板栗及副产品提取物对应指数只有29.6%，表明其对应的专利申请中，约70%为较早期申请，近五年的创新活跃度低。

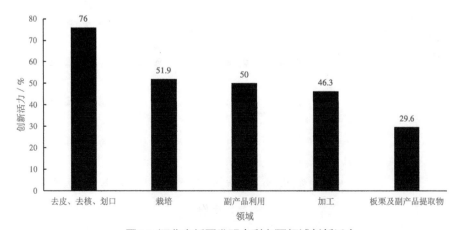

图9-8 河北省板栗发明专利主要领域创新活力

9.4.2 "卡脖子"技术领域识别标准

借鉴相关研究成果，基于比较优势理论，本书中"卡脖子"技术领域是相对概念，它的判断基点是特定主体，是围绕特定主体与竞争主体间的技术差距展开的。此处的竞争主体为板栗创新相关省域层级。衡量创新主体技术竞争力的关键指标是看专利数量和质量。研究中综合使用了数量优势指数、质量优势指数。

$$技术数量优势指数 = (P_{ij}/\sum P_i)/\sum P_j/\sum P_{ij} \tag{9-1}$$

如公式（9-1）所示，数量优势指数是基于相关板栗领域专利数量计算所得的指标。i表示板栗相关分支领域所属地域（省、直辖市）。j表示板栗产业专利所属技术领域。P_{ij}表示地域i在技术领域j的专利数量。$\sum P_i$表示地域i在所有技术领域的专利数量之和。$\sum P_j$表示所有地域在板栗所有技术领域j的专利之和。该指标可衡量特定地域相对于所有地域在板栗特定领域的技术数量比较优势。其取值范围为大于等于0。等于0，表明对应地域在板栗特定领域专利数量为0，无技术创新；等于1，表明与全国平均水平均衡；大于1，表明该地域在相关板栗创新领域数量具有一定优势。

$$技术质量优势指数 = (\overline{Q_{ij}}/\overline{\sum Q_i})/(\overline{\sum Q_j}/\overline{\sum Q_{ij}}) \tag{9-2}$$

如公式（9-2）所示，质量优势指数是对专利价值度进行计算所得。本书中专利价值度数值主要是通过采用incoPat的数据来进行分析的，该指标依托的专利价值模型融合了20多个技术指标，将专利的价值度分为1～10分，专利价值的高低用分数来表示。i表示板栗相关分支领域所属地域。j表示板栗产业专利所属技术领域。$\overline{Q_{ij}}$表明地域i在技术领域j中的专利价值度均值。$\overline{\sum Q_i}$表明地域i在板栗所有领域的专利价值度均值。$\overline{\sum Q_j}$表示所有地域在技术领域j中的专利价值度均值。$\overline{\sum Q_{ij}}$表示所有地域在板栗所有技术领域的专利价值度均值。质量优势指数的取值区间同样为[0，+∞)，取值越大，表明相关地域对应领域的专利质量优势越高。

基于上述两个指标，以对应值1为判断基准，如果相关指数值大于1，则列为具有比较优势；小于1，为不具有比较优势。综合考虑数量优势和质量优势，将领域可视化展示在矩阵图中，并以（1,1）为新的矩阵原点，将矩阵划分为四个象限，对应领域分成五类。如果主体在某一技术领域不具备技术优势，则说明该主体在该技术领域落后于其他竞争主体，则该技术领域就是该主体的潜在"卡脖子"领域。各技术类型划分如下：

（1）优势技术型，属于第一象限，数量优势指数＞1，质量优势指数＞1，典型特征是对应地域在数量和质量上均具有优势。

（2）数量缺少型潜在轻度"卡脖子"领域，属于第二象限，数量优势指数＜1，质量优势指数＞1，典型特征是对应地域在质量上具有优势，但在数量上均不具有优势。

（3）潜在中度"卡脖子"领域，属于第三象限，数量优势指数＜1，质量优势指数＜1，数量不为0，典型特征是对应地域在数量和质量上均不具有优势。

（4）潜在重度"卡脖子"领域，在第三象限，数量优势指数为0，质量优势指数也为0。典型特征是对应板栗技术领域，特定地域尚无专利布局，相关技术领域发展缺乏拥有自主知识产权的技术作为支撑。

（5）质量低型潜在轻度"卡脖子"领域，属于第四象限，数量优势指数＞1，质量优势指数＜1，典型特征是对应地域在数量上具有优势，但在质量上不具有优势。

9.4.3 河北省板栗专利技术分析结果

（1）优势技术领域

在分析的领域中，河北省板栗及副产品提取物数量优势指数为1.24，价值优势指数也超过1，达到了1.27，属于优势技术领域。该领域代表性技术是关于抗癌的。其关键技术点是板栗多糖对多种癌症的癌变细胞系均表现出较强的抑制活性，提示其可以作为广谱的抗癌活性物质，用于制备治疗癌症的药物或保健品。河北科技师范学院是省内竞争主体。

如图9-9所示，在这个领域，全部专利中有92%的专利申请来自个人之外。其中，企业申请数量仅为1项。而大学和研究机构申请的专利占总体的87.5%。河北科技师范学院的专利申请数量达到了12项，大约占河北省此领域专利申请总量的50%。其次，迁西县板栗产业研究发展中心的专利数量为4

项，中国科学院唐山高新技术研究与转化中心的专利数量为2项。

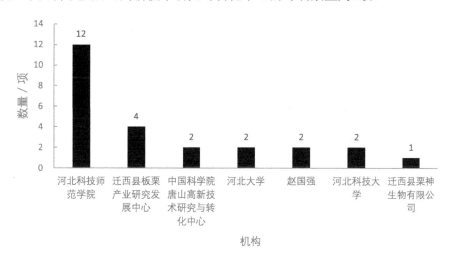

图9-9　河北省板栗及副产品提取物专利申请人构成

在此领域，抗癌是关注焦点，主要申请人集中在研究中心、个人和高校。其次，企业、研究中心和高校对于抗炎药物的专利申请也比较重视。其中，黄酮的专利申请人主要是高校和高新技术研究与转化中心，而乙酸乙酯萃取物、癌细胞生长的专利申请人只集中于河北科技师范学院，且这所高校在这五类专利的申请中均有涉及。

（2）数量缺少型潜在轻度"卡脖子"领域

加工领域属于数量缺少型潜在轻度"卡脖子"领域。相对而言，该领域数量缺少，但质量尚可。该领域代表性技术是饮品。其关键技术点是能够满足人们对于板栗休闲食品多元化、方便化、功能化的需求。核心竞争主体是华南理工大学和北京富亿农板栗有限公司。潜在竞争主体是河北科技师范学院、贵州星连星新能源科技服务有限责任公司。省内竞争主体是河北科技师范学院。

如图9-10所示，加工领域可以细分成6个细分领域，包含食品、酒类、饮品、营养保健品、保鲜贮藏、板栗淀粉。其中，饮品类的专利数量最多，为19项。其次，酒类、食品类的专利数量接近，分别有17项和16项。保鲜贮藏作为板栗加工的关键环节，专利数量也达到了12项。相对而言，营养保健品、板栗淀粉类专利数量相同，也都很少，分别只有3项。

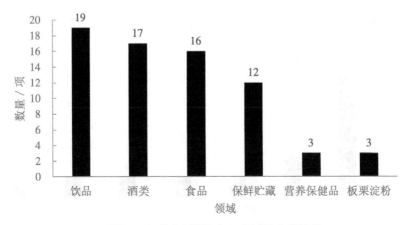

图9-10 河北省板栗各加工领域的专利数量

（3）潜在中度"卡脖子"领域

去皮、去壳、划口、加工装置，属于领域中的潜在中度"卡脖子"领域，技术优势指数与价值优势指数均较低。其关键技术点是可以提高去壳速度，节省大量加工时间。核心竞争主体是中国检验检疫科学研究院和承德神栗食品股份有限公司。潜在竞争主体是贵州光秀生态食品有限责任公司。省内竞争主体是唐山世杰农业开发有限公司和河北科技师范学院。

2011—2016年板栗去皮、去壳、划口、加工装置专利最多为2项，最少为0项。而在2017—2018两年间，各有5项的专利申请。2019年为1项，2020年达到3项，到了2021年专利申请量又达到峰值，为5项。

（4）潜在重度"卡脖子"领域

位于矩阵左下角的生物技术，其数量为0，属于潜在重度"卡脖子"领域。该领域的核心竞争主体是广西大学，潜在竞争主体是湖北省农业科学院果树茶叶研究所，省内暂无竞争主体。

目前，国际范围内，板栗在生物技术领域的专利数量仅有18项。其中，中国有11项，葡萄牙有5项，法国和俄罗斯各有1项。在中国布局的专利中，申请人为研究所和大学两类机构，没有个人申请人，表明该技术领域具有较高的科技含量。

生物技术领域国内专利申请集中在2013—2015年，3年时间专利申请总量达到了8项。其后的3项申请，分别位于2017年、2019年、2021年。

相关领域专利申请人中，广西大学申请数量最多，为4项。北京农学院为3项。其余的4项中，湖北省农业科学院果树茶叶研究所申请了2项，北京市农林科学院和四川农业大学分别申请了1项。

（5）质量低型潜在轻度"卡脖子"领域

栽培、副产品再利用属于质量低型潜在轻度"卡脖子"领域，该领域数量优势指数较高，价值优势指数相对稍低。在栽培领域，核心竞争主体为东兰县旺达板栗茶油种植专业合作社。潜在竞争主体是湖南省林业科学院。省内竞争主体为河北省农林科学院昌黎果树研究所、迁西县五为生物科技有限公司。

栽培领域又细分成三个分支领域，分别包括嫁接方法、修剪、栽培，肥料基质，种植技术、方法。河北省板栗发明专利中，栽培领域中，栽培、修剪、嫁接方法专利数量最多，达到了23项，占栽培领域专利申请比例的85.2%；肥料基质和种植技术、方法类的专利数量很少，分别只有3项和1项。

9.5 河北省板栗产业技术创新中存在的问题

9.5.1 板栗技术创新的领域分布有待拓展

板栗技术创新领域主要集中在板栗的加工，板栗的去皮、去壳、划口、加工装置，板栗的栽培，板栗的副产品再利用，板栗及副产品提取物，板栗植保，板栗保鲜贮藏，板栗采摘装置，板栗生物技术，板栗育种，板栗检测领域中。在这几种领域中河北省板栗专利的申请数量严重不均，其主要的专利集中在板栗的加工，板栗的去皮、去壳、划口、加工装置以及板栗的栽培这三个领域。而在育种、检测、生物技术利用这三个领域的技术创新相对较薄弱，其专利申请数量也较少。从河北省专利的技术构成方面来看，通过分析可知河北省板栗专利主要申请的IPC小类是A23L（食品或食料的一般保存）、A61K（医用、牙科用或梳妆用的配制品）、A61P（化合物或药物制剂的特定治疗活性）、A01G（园艺，蔬菜、花卉、稻、果树、葡萄、啤酒花或海菜的栽培，林业，浇水），在其他领域相比安徽省等其他专利大省来说申请数量相对较少。从专利申请的类别来看，河北省板栗专利的类型主要是发明申请和发明授权专利，在实用新型和外观设计方面的专利屈指可数，这与其他专利大省也存在一定的差距。

9.5.2 企业的创新成果数量较少

河北省板栗企业创新能力分布高度不均衡，绝大多数板栗企业的创新成果数量较少。就河北省板栗企业来说，只有少数的优秀板栗企业所申请的专利量较多，绝大部分板栗企业专利申请数量相对较少。以河北省迁西县为例，其在板栗技术创新方面进展最大，板栗专利申请数量也是最多，这与国家的扶持有必然的联系。板栗的技术创新在河北省龙头企业中体现得更加明显，为了提高板栗的产量、质量、销量，这些龙头企业不得不在技术创新方面不断进行提高，从而达到增产、增收的目的。河北省板栗企业在技术创新中缺乏活力，主要体现为部分企业的创新成果仅局限于热点领域，质量较低；而对外部竞争主体依存度偏高，主要是集中在核心技术。专利包括发明专利、实用新型和外观设计三大类。这三类专利中技术含量排在第一位的是发明专利，因此可用板栗的发明专利所占比重来衡量河北省板栗企业的创新成果质量。河北省企业在板栗发明专利的申请数量和板栗外观设计专利的申请数量相对较少，大部分专利都属于实用新型专利。河北省少部分板栗企业获得专利的途径则是靠购买个人和高校的专利，缺乏自主创新的能力，一些小型的板栗企业更加趋向于购买别处的创新型的设备，在增强企业自身的创新能力培养上还存在一定的缺陷。

9.5.3 潜在重度"卡脖子"领域缺乏自主知识产权

生物技术属于潜在重度"卡脖子"领域，位于第三象限。从国际范围内，板栗在生物技术领域的专利数量仅有18项。在中国布局的专利中，中国所申请数量为11项，申请人为研究所和大学两类机构，没有个人申请人，表明该技术领域具有较高的科技含量。该领域专利主要涉及鉴定板栗品种的能力、板栗疫病菌分子检测试剂盒及其使用方法、导致板栗疫病菌的基因及应用、中国板栗基因转化方法、板栗品种的分子育种方法等方面。而河北省作为专利申请排名靠前的省份，在生物技术上并无建树。

9.5.4 优势技术领域产业化程度极低

基于数量优势指数和价值优势指数判定，河北省板栗及副产品提取物属于优势技术领域。但是也要注意到，该领域产业化程度极低。在申请的专利中，企业数量仅为1项。而绝大多数专利集中在大学和研究机构申请人中。在这个领域，专利申请集中度较高，河北科技师范学院专利申请数量占此领域河北专利申请总量的50%。作为技术优势领域，申请人独立完成的专利较多，且占到80%以上。在科学研究过程中缺乏与市场的有效对接，导致产业化的形成相对困难。科学技术成果并不等同于产业协作成果，要想将一项成功的科研成果从实验室迈向市场，需要下功夫。

9.5.5 质量低型潜在轻度"卡脖子"领域价值优势指数较低

通过分析可知河北省在板栗栽培、副产品等领域的专利数量优势指数较高，达到27项，但其专利价值优势指数相对稍低。其中专利本身没有开发价值是专利本身的最大缺陷。首先，一些高校或者是科研组织为了提高科研成果，只专注在专利数量，一定程度上忽视了专利的质量，申请的专利没有开发价值。例如在栽培、修剪、嫁接方法领域，所申请数量占到23项，但是其价值并不一定真正具有优势。其次，一部分申请人所申请的专利有相当一部分并不很成熟，离实际应用还有距离，专利价值难以得到最大化。

9.6 河北省板栗产业技术创新能力提升对策

9.6.1 积极拓展板栗技术创新其他领域

不仅需要在栽培种植、采收、食品加工等领域进行创新，还需拓展育种、检测、生物技术利用等领域。要加强高校及科研机构与企业的合作，重点突破"卡脖子"技术领域。根据产业面临的现实问题，定向研发，基于全产业链价值提升导向开展技术创新。

9.6.2 鼓励企业提高创新成果数量

根据"卡脖子"领域分析，相对应的数量缺少型潜在轻度"卡脖子"领域中，企业作为申请人所申请的创新成果数量较少。企业是延长板栗产品价值链、实现板栗商品化生产的经营主体，也是推动板栗产业升级的关键。政府对板栗产业中的相关企业应当给予政策和经费上的支持，鼓励企业通过各种方式参与创新。此外，高校及科研院所是板栗新产品、新技术、新工艺等科技成果的重要来源，在板栗产业高质量发展过程中有着重要的催化作用。高校及科研院所应当充分整合板栗行业科技资源，不断强化产、学、研相结合的技术创新体系，进行关键技术创新攻关，加快研究成果共用共享。与企业加强联合，采取购买专利、合作开发等多种方式，促进科技成果落地，进一步提高河北省板栗产业在国内的外综合竞争力。

9.6.3 推动板栗创新自主知识产权技术研发

生物技术领域具有较高的科技含量，其申请数量为0，属于潜在重度"卡脖子"领域。河北省在该领域尚无专利布局。未来亟须填补技术空白，加强自主创新，从技术发展和市场需求两个层面入手，着力推动该领域自主知识产权创造与运用。可整合国内外、省内外各种有效资源，产、学、研深度融合，完成相关领域协同创新。

第10章　河北省板栗产业技术路线图

技术路线图的概念于20世纪70年代由美国摩托罗拉公司提出。技术路线图实质上是应用简洁的图形、表格、文字等形式描述技术变化的步骤或技术相关环节之间的逻辑关系。它能够帮助使用者明确该领域的发展方向和实现目标所需的关键技术，厘清产品和技术之间的关系。技术路线图具有高度概括、高度综合和前瞻性的基本特征。

通过绘制技术路线图的管理方法，可对产品开发任务进行规划，提供一个预测未来过程的工具。绘制技术路线图的目的是为设计、研发、市场调研和营销之间提供交流的渠道，建立各部门之间识别重要技术和传达重要技术的机制，使技术能为未来的产品开发和应用服务。

河北省板栗产业技术路线图着重强调"市场拉动"作用，重点关注产业内的"市场需求—产业目标—技术壁垒—研发需求"以及相关联的问题。通过科学的制定程序，有助于实现产业技术路线图的实用性和可操作性，进而能极大程度促进科学进步和产业良性发展。

本书根据河北省板栗产业的现状、国家特色和可持续发展要求，制订河北省板栗产业技术路线图，通过开展主要包括产业发展的规模、效益、水平的产业目标凝练工作，分析产业中关键技术和主要产品的实现时间、路径和市场前景，试图找准产业发展的技术机遇和存在的问题，并明确各个创新主体在技术创新中的分工和合作，以期能够全面提升河北省板栗产业的创新能力和国际竞争力。

本书所指的河北省板栗产业技术路线图的基本结构主要包含了四个主层次，即市场需求、产业目标、技术壁垒、研发需求。其中，每个主层又包括几个亚层，根据河北省板栗产业具体情况确定具体亚层。

10.1 市场需求分析

市场需求分析的目的主要是针对技术路线图的产业现状、产业在国民经济和国家经济中的地位进行分析，识别未来市场对产业和服务的需求，分析产业发展趋势以及驱动力，明确产业发展定位。

河北板栗主要产于河北省北部的燕山山区。以颗粒饱满、香甜、皮薄、适于糖炒等特点著称，在日本以及中国的香港、澳门等国家和地区以"天津甘栗"之名而久负盛誉，是河北省出口农副产品中具有较大优势的土特产品之一。河北省是板栗生产大省，产量、出口量和质量，在全国均居前位。河北省板栗主要分布在唐山、秦皇岛、承德三市。邢台、邯郸、兴隆、滦平亦有少量种植。在河北省的迁西、青龙、迁安境内，常可见到二三百年生的老栗树。河北省板栗品种众多，以燕山早丰、燕山短枝、燕山魁栗、大板红等品种栽种最为广泛。河北省具有优越的地理位置，板栗的出产地是中国板栗生长的最佳地区。而且板栗本身的虫害较少，栗农在种植板栗的过程中基本不用施化肥和农药，属于典型的绿色有机产品，保证了板栗的品质。河北省板栗在全国板栗生产中占有重要位置，素有世界板栗看中国，中国板栗看燕山之说，"香、甜、糯，涩皮易剥"等优质糖炒品质享誉国内外。

在河北省的山区欠发达地区，通过种植板栗，使得农民有了稳定的收入，板栗种植也越来越成为河北省一些山区和欠发达地区人口的选择，因而板栗成为农民致富的重要依托。

10.1.1 产业SWOT分析

SWOT分析法将与研究对象密切相关的各种主要内部优势、劣势、外部机会和威胁等，通过调查列举出来并对其进行排序。利用这种方法可以从中找出对自己有利的、值得发扬的因素，以及对自己不利的要避开的因素，以期发现存在的问题，找出解决办法，并明确以后的发展方向。

（1）优势

拥有资源禀赋，品质极佳。板栗的种植需要具备适宜的气候、土壤和降水量等自然资源禀赋，河北板栗首先具有优越的地理位置，出产地为中国板栗的最佳产区。此外，由于板栗产区特殊的自然条件、老百姓的种植习惯以及政府的鼓励倡导，板栗本身的病虫害较少，栗农在种植过程中基本不施化肥和农药，几乎没有农药残留，属于典型的绿色有机产品，这就保证了板栗的自然品质。由于品质优良，河北板栗成为国外板栗市场上公认的无可取代的特色产品，常年出口日本、韩国、东南亚等地，出口量占全国半数以上，是河北省欠发达山区的重要支柱产业。

栽培面积和产量逐年增长。从总体来看，河北省板栗的生产呈逐年增加之势，栽培面积和产量都在逐年上升。1949年，河北省的板栗栽培面积仅有0.493 3公顷，产量仅0.49万吨；到1979年，全省年产量达到1.31万吨，是1949年的2.67倍；2005年时，全省板栗的栽培面积发展到了18.58万公顷，产量到达了10.71万吨，年产量是1979年的8.18倍。2016年，河北省板栗种植面积已经达到了29.7万公顷，占全国面积的9.01%。产量占全国的18.7%以上，位于全国第二。2017年和2018年，河北省板栗年产量为38.1和37.5万吨。

板栗相关技术供给增加，多样化呈现。在板栗新品种的选育中，河北省拥有强大的技术供给优势。20世纪70年代以来，燕山板栗新品种的选育工作取得了显著的成绩，以河北省农林科学院昌黎果树研究所、遵化市林业局、河北科技师范学院为代表，先后选育出了20多个燕山板栗新品种。这些新品种的应用与推广，在生产上发挥了重要作用，推进了燕山板栗栽培的良种化。2020年，国家林业和草原局重点推广林草科技成果100项中，就包含河北省农林科学院昌黎果树研究所的"燕山早丰"板栗。河北省相关科研机构经过不断研究改进，现在已经形成了以插皮接、插皮腹接、带木质芽接为主体的嫁接技术体系，探索出了诸多提高嫁接成活率的有效措施。另外，在整形修剪技术供给、早期丰产技术研究、肥水管理技术研究、配方施肥研究、疏雄促花技术研究、密植早丰栽培技术研究、无公害病虫防治技术、产后加工研究等方面，河北省也取得了很大进展。这些技术的应用，极大地促进了优新品种的推广，良种化程度大大提高。

中国是板栗生产大国，同时也是板栗创新大国。在全球板栗创新国中，中国的申请量是位居第二位的韩国的5.79倍，是排位第二至第十位的国家专利申请总和的2.44倍。可以说，中国的板栗创新是世界板栗创新的风向标。同时，河北省板栗产业创新实力不断增长。属于板栗主产区的唐山市、秦皇岛市、承德市，在板栗创新产出中位于河北省前列。另外，板栗创新研究领域包含了产业链的各环节，其中食品加工类（A23L）占据这些市域的首要位置。主要申请人中，河北省内高校，河北科技师范学院申请了板栗领域的34项专利，不仅在河北省，在全国的板栗加工领域，也位于前列。河北省农林科学院昌黎果树研究所，申请9项专利，集中于板栗优良品种的培育领域。河北省板栗专利申请中，个人的申请热情一直高涨，从2004—2017年，一直位于申请人类型中的较多的。从2008—2018年，企业的申请呈现总体增长的态势，2018年达到了17项，成为申请人中的老大。高校的研究势头也保持持续不断的创新产出。相比而言，研究机构的创新产出数量不是很多，但也基本呈现了持续的态势。企业层面，唐山肽景堂生物科技有限公司的板栗专利申请达7项。主产区迁西的迁西县板栗产业研究发展中心7项。河北栗源食品有限公司、承德神栗食品股份有限公司分别为6项、5项。在板栗专利申请人中，企业申请的数量达到了56项，高校53项，科研单位29项。这些机构持续的创新活动，成为河北省板栗产业高质量发展的强大推动力。

随着板栗加工企业数量增长，板栗的加工能力也不断增强。近年来，随着板栗加工业的快速发展，板栗的产业化链条极大延伸，提高了产品的附加值，较好地发挥了产业的龙头带动作用。河北省内的板栗加工企业每年能加工5万吨以上的板栗，板栗加工率达到20%以上，远超全国10%的平均加工水平。

（2）劣势

品种参差不齐，缺乏优势品种。河北省板栗树品种众多，以燕山早丰、燕山短枝、燕山魁栗、大板红等十余个品种的种植最为广泛。但是随着近年来板栗产业不断发展，本土板栗树种存在的问题逐渐显现出来。品种老化，缺少宜加工、抗褐变的品种。树种质量不高，出现板栗果实产量低，质量差的问题。而众多品种中，缺乏竞争优势突出的品种。一些板栗种植园存在品种杂乱，板栗质量不一的问题。而众多品种成熟期较集中，一定程度上谷贱伤农，影响种植者的收益获得。

加工程度不高，产品类型单一。河北省的板栗加工企业的产品加工程度普遍较低，大多进行板栗产品的初级加工。如表10-1所示，板栗加工企业虽然数量多，但大多规模小，经济实力不足，加工产品同质化问题严重。即使是河北省板栗龙头企业，因其数量有限，其带动能力也十分不足，难以消化掉河北省每年产出的生鲜板栗。小型企业更是只能加工板栗的初级制品。另外，由于实力有限，加工企业难以开发新的产品，同时也不能对生产和流通等环节进行有效的控制。随着省外其他板栗产区的快速发展，河北省板栗产业在产量、技术方面的优势地位面临威胁。

表10-1　河北省板栗加工企业调研结果

市区县	加工企业数量/个	注册资金/万元	产品种类	年加工板栗数量/吨	年加工产值/万元
青龙县	4	5 850	板栗仁、板栗小包装、冰栗	8 800	11 571
抚宁区	1	1 000	板栗、板栗仁、冰栗	2 200	8 000
海港区	1	602.5	板栗窝头、板栗面、干休栗子、板栗米	3 000	2 300
迁西县	5	14 740	板栗仁、鲜板栗、板栗露、板栗粥、	10 500	29 600
遵化市	7	20 338.12	小包装甘栗仁、甘栗仁、板栗酒	67 000	189 123
迁安市	1	500	甘栗仁	500	900
宽城县	1	8 000	甘栗仁	30 000	53 000
兴隆县	4	5 623	甘栗仁、速冻栗仁	21 562	28 531
信都区	3	2 650	速冻栗仁	11 000	33 000

板栗创新推广缓慢，科技贡献率不高。总体上，河北省板栗生产带的集约化程度不高，科技贡献亟待加强。虽然，科研人员历经心血研发了诸多优良品种，但推广进程缓慢。河北板栗主产区普遍存在老树比例高、良种面积低的问题。另外，除良种推广之外，已成熟的降低板栗空苞率成果、板栗减雄增雌技术、矮密早丰栽培技术、配方施肥技术、生物防治技术、芽苗砧嫁接技术等也未能普遍应用，总体上造成河北板栗科技贡献率不高。在板栗创新中，河北省企业创新能力不强，创新主体地位尚需加强。2013年之前，河北省板栗企业专利申请数量不多，从零起步，2008年、2010年、2011年还只有1项，2012年较多，达到了5项。此后，从2013—2018年，整体呈快速增长的态势，2014年和2015年分别达到了4项和

5项，2018年达到了17项。

种植人员老龄化明显，板栗管理粗放。如图10-1至图10-8所示，针对从事板栗种植人员的调查中，3个年龄阶段的种植人员在8个市（区县）表现为集中在40~60岁和60岁以上，而其中60岁以上的种植者占更大比例。其中，青龙满族自治县的板栗种植人员年龄分布中，40~60岁以上的种植人员最多，占总体的50%。其次，60岁以上的种植人员占总体的比例达30%。而20~39岁的年轻种植人员占总体的比例最低，仅有20%。兴隆县板栗的种植人员年龄分布中，40~60岁以上的种植人员最多，占总体的63%。其次，60岁以上的种植人员占总体的比例达27%。而20~39岁的年轻种植人员占总体的比例最低，仅有10%。遵化市的板栗种植人员年龄分布中，40~60岁以上的种植人员占总体比例最高，达到了46%，而60岁以上和20~39岁的年轻种植人员比例相同，均为27%。迁西县板栗种植人员年龄在40~60岁以上的占总体比例最高，为50%。其次，60岁以上种植人员占总体比例的30%。20~39岁的年轻种植人员比例达到20%。信都区的板栗种植人员老龄化趋势最为严重，40岁以下种植户数量不足100人。60岁以上种植人员占总体比例的70%，40~60岁以上的种植人员占总体比例的30%。宽城满族自治县板栗种植人员在40~60岁以上的占总体比例最高，为51%。其次，60岁以上种植人员占总体比例的28%，20~39岁的年轻种植人员比例最低，仅为21%。海港区的板栗种植人员在40~60岁以上的占总体比例的75%，60岁以上种植人员占总体比例的17%，20~39岁的年轻种植人员比例最低，仅为8%。抚宁区的板栗种植人员在60岁以上的占总体比例最高，为61%，40~60岁以上的种植人员占总体比例的31%。20~39岁的年轻种植人员比例最低，仅为8%。

板栗的种植者大多是农民，有数量相当大的一部分人由于经济条件，技术水平，文化素质等多方面的限制，对板栗种植管理水平较低。板栗管理粗放的问题主要表现在浇水、施肥、嫁接、修剪、病虫害防治方面的等工作不够精细。浇水施肥工作不到位，导致板栗树长势不好。修剪工作不精细，导致树形杂乱，影响坐果率和果实品质。病虫害防治工作差，导致板栗果实被虫蛀。这些问题都影响板栗的产量和品质。

品牌效应不强，销售渠道不健全。目前，河北省各板栗产区都有自己的品牌，较有名气的品牌有迁西"紫玉"、遵化"栗源"等，其他小品牌或无名品牌的还有很多。与众多龙头企业相对应，板栗品牌多、名称乱，在国内外的知名度都很低。品牌、名称的不统一和不成体系为假冒伪劣大开方便之门，严重影响了板栗规模化、集团化发展。另外，河北省板栗产品的销售渠道建设还不健全，过分依靠传统销售方式，板栗的网络销售发展还比较缓慢。河北省十余家省级龙头企业虽然都建设了自己的网站，但是信息不完整，板栗生产企业在网络平台开办的板栗加工品销售店铺关注度普遍不高，销量总体较低。

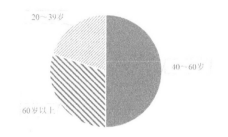

图10-1　秦皇岛市青龙满族自治县板栗种植人员年龄分布

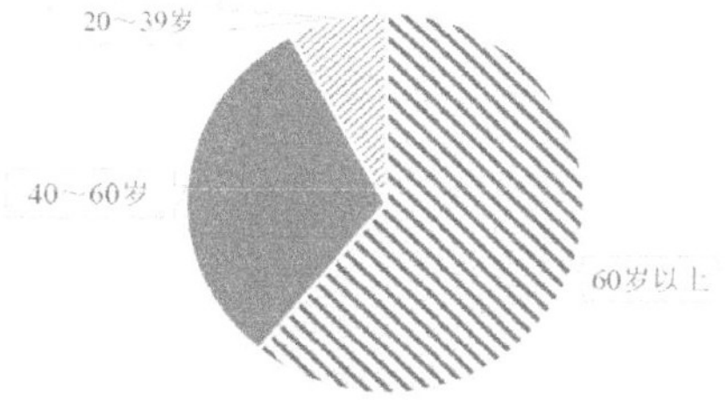

图10-2　皇岛市抚宁区板栗种植人员年龄分布

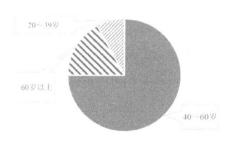

图10-3　秦皇岛市海港区板栗种植人员年龄分布

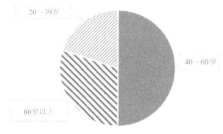

图10-4　唐山市迁西县板栗种植人员年龄分布

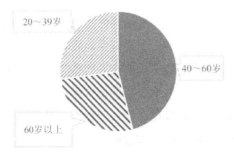

图10-5　唐山遵化市板栗种植人员年龄
　　　　分布

图10-6　承德市宽城满族自治县板栗种植
　　　　人员年龄分布

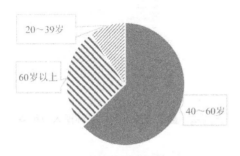
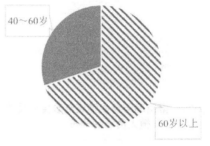

图10-7　承德市兴隆县板栗种植人员年龄　　图10-8　邢台市信都区板栗种植人员年龄
　　　　分布　　　　　　　　　　　　　　　　　　　　分布

（3）机遇

国际板栗需求较大，存在较强竞争力。中国的板栗产量占世界的65%～70%，而其出口量常年占世界板栗出口总量的30%以上。出口市场主要集中在亚洲，对亚洲出口额占中国板栗出口额的比重在54%以上。从国别视角，中国板栗出口目的地排前三位的国家分别是泰国、日本和韩国。而在中国板栗中，京津冀板栗不仅在国内享有盛誉，在国外亦享誉盛名。因果型小巧美观、味道香糯甘甜、营养丰富等优点，京津冀板栗素有东方"珍珠"和"美玉"的美称，在国外享有良好的口碑和知名度，深受消费者的喜爱。河北省处于京津冀地区，板栗拥有悠久的出口历史，出口市场遍布世界20多个国家和地区。另外，整体上，中国板栗价格走势比较稳定，变动幅度不大，价格波动区间较小，明显低于世界其他板栗主要出口国的价格水平，因而在国际竞争中具有一定的价格优势。由于板栗的出口价格高于国内市场价格，企业为获取更多的利润，出口积极性很高。因而，在国际市场，河北省板栗拥有品质、价格优势，具有较强竞争力，可以说是价廉物美。

入选板栗优势产区，迎来发展良机。根据农业部确定的《国家特色农产品国家布局规划（2013—2020）》，我国板栗的优势产区中河北省有8个县（市）。包括迁西县、遵化市、迁安市、青龙满族自治县、承德县、兴隆县、滦平县、宽城满族自治县。随着入选优势产区，板栗产品质量安全标准、监管、执法、检测、追溯体系逐渐建立并完善，无公害农产品产地、绿色食品、有机板栗原料基地的认证也稳步推进。这会从源头保障板栗原料的品质，也是产业链发展中的关键部分。另外，河北省板栗被列入优化特色农产品国家布局，也能加速现代生产要素向优势区定向聚集，有利于用现代高新技术改造传统特色板栗产业，加快优势区现代化建设，以便尽快形成新的特色板栗生产能力，增加优质特色产品供给，满足日益细分的市场需求，提高人们的生活质量。

消费需求升级，板栗产品消费潜力较大。随着我国经济发展程度的提高、人们总体文化程度的提升和中国老龄化程度的加深，当前，农业发展进入新阶段，农产品市场需求结构呈现多元化和优质化趋势。随着城乡居民收入的增长，人们对农产品的营养功能、保健功能和食用安全性等个性化特殊需求旺盛，对产品的需求着重其保健、养生功能，丰富多样的特色农产品倍受市场青睐。板栗营养丰富，所含的丰富的不饱和脂肪酸和维生素、矿物质，是抗衰老、延年益寿的滋补佳品，素有"干果之王"的美称，与枣、柿子并称为"铁杆庄稼""木本粮食"。另外，板栗中含有核黄素，常吃板栗对日久难愈的小儿口舌生疮和成人口腔溃疡有益。其次，板栗是碳水化合物含量较高的干果品种，能供给人体较多的热能，并能帮助脂肪代谢，具有益气健脾，厚补胃肠的作用。而板栗中含有丰富的维生素C，能够维持牙齿、骨骼、血管肌肉的正常功用，可以预防和治疗骨质疏松，腰腿酸软，筋骨疼痛、乏力等，延缓人体衰老，是老年人理想的保健果品。在板栗的加工品种，诸如板栗保健酒、饮料等，突出强调板栗的保健、养生功效。与其他原料结合制备饮料，包含苦荞、柑橘、白菜、紫薯糯米、柚子蓝莓等，也着重板栗的保健功效。随着民众健康保健意识提高，对保健类产品的需求会增长。伴随消费升级，板栗产品势必会迎来巨大的消费良机。

政产学研合力，助推产业发展。板栗产业的良性发展，既能提高栗农的收入和种植积极性，又能确保板栗原料质量，为加工业提供放心的原料保障。当然，也是突破板栗出口技术贸易壁垒，出口赚取更多收益的前提。产业的良性发展，与产业链的各个环节密切关联。各地政府都采取了一系列措施，如政府组织相关部门，进行板栗升级改造技术培训，为栗民讲解病虫害防治、冬季板栗修剪等理论知识，指导栗民组建农民专业合作社。

（4）挑战

市场发育滞后，产业发展受阻。河北省板栗种植，集中在边远山区，因而交通不便，生产资料供应、优良品种繁育、产品销售互相脱节。受道路和运输时间的限制，板栗会出现因外销滞阻，导致价格下跌，挫伤农民积极性。在一定程度，板栗的优质优价难以充分实现，阻碍了生产的发展和市场机遇的抢占。

综合影响因素增加，产业成本走高。河北省属于首都经济圈，其劳动力成本相较其他地区更高。另外，物价水平、板栗树苗、肥料的费用和加工技术的研发费用都在逐年增长。加之随着国家食品及保健品法规的逐步出台，板栗产业的行业门槛和产品质量技术标准也有提高态势。以上因素综合，使得产业成本不断走高。而板栗生产成本的上升会直接降低企业的利润，给板栗加工企业带来不小的压力。

产学研结合欠紧密，科技成果转化率有待提高。长期以来，产学研结合欠紧密，研究成果的转化力度不大。而河北省大部分企业的自主研发能力有限，与科研机构及大中专院校合作研究的意识需加强，导致科技成果不能迅速转化为生产效益，阻碍了产业链的长效发展。

其他区域创新超越，威胁信号增强。在河北省加大板栗产业创新步伐的同时，不容忽视，其他板栗大省也在产业创新中加大力度，取得了更加丰硕的创新成果。如图10-9、图10-10所示，板栗创新大省当之无愧是安徽省，申请的专利数量为1 609件，为河北省的6.87倍。除安徽省之外，山东省的专利申请量也达到了河北省的2.23倍，广西壮族自治区、江苏省、广东省的申请量也都高出河北省。与河北省不同，安徽板栗产业创新主体中，企业拥有绝对优势，其申请的专利数量达到了985件，是其他类型创新主体，即个人、机关团体、大专院校、科研单位总和的1.58倍。而细分类型，安徽省的企业创新产出明显高于河北省。在研究期内，安徽省排名前10的申请人中，有6家为企业申请人，1家为合作社，个人申请人有3个。前5的申请人中，有4家为企业申请人。其中，申请量第一的安庆天然蜂坊蜂业有限公司，申请量达到了23项。企业中的第二位安庆天工匠造食品有限公司的专利申请也达到了21项。马鞍山市全润农业科技有限公司的专利申请量为21项，安徽真心食品有限公司的专利申请量为17项。

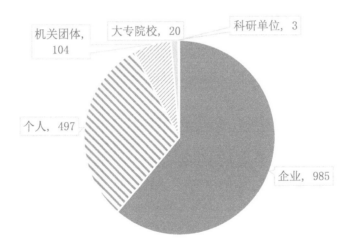

图10-9   安徽省板栗专利各类型申请人及专利数量构成

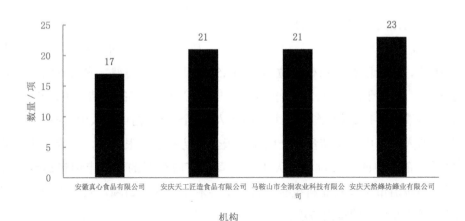

图10-10　安徽省板栗专利前四申请人分布

10.1.2 市场需求要素分析

笔者根据调研、专家讨论交流等各种形式，提炼出市场需求要素，结果如下，如表10-2所示。

表10-2　板栗产业市场需求要素排序

序号	市场需求要素
1	优良品种的研发推广
2	促进板栗高产、高效育苗及栽培技术应用
3	省力、高效管理技术应用
4	板栗病虫害防治技术应用
5	解决板栗贮藏中容易腐烂、发芽、失重等问题
6	板栗加工产品多样化
7	板栗废弃物开发和高值化利用
8	板栗林下增收，立体种植
9	推广和管理

从凝练的市场需求要素反映出，河北省板栗产业受到了一定程度的制约。因此，明确和掌握目前板栗产业的市场需求是探索板栗产业价值链提升的关键问题，也是识别未来市场对板栗产业发展的需求、分析板栗产业发展趋势及其驱动力、寻找板栗产业可持续发展的突破点的重要内容。

10.2 产业目标分析

　　整体规划河北省板栗产业发展，产业目标的确定十分重要。可以说，没有产业目标，就无法为板栗产业的发展制定出合理明确的发展道路。没有产业目标，技术路线图的绘制工作也就失去了指引和方向。因而，产业目标的制定是整个技术路线图制定的重要出发点和落脚点，是"点睛之笔"。通过对市场需求调研和河北省板栗产业技术现状分析，确定主要产业目标和产业目标要素，建立市场需求要素与产业目标要素的关联分析，如表10-3所示。

表10-3　产业目标要素分析

序号	产业目标要素
1	提高产品质量安全、提升产业附加值、扩大出口创汇
2	带动农户致富和增加就业
3	降低生产成本
4	推广、普及板栗种植技术
5	实现板栗高产、稳产
6	板栗病虫害防治
7	保障板栗质量，有效控制板栗的腐烂、发芽、失重
8	对产业实施有效管理
9	开发加工产品、为民众提供多样化选择
10	加大生产、加工规模，提升产品档次
11	实现产业技术升级
12	产业链协同创新

10.3 技术壁垒分析

　　技术壁垒分析是根据未来市场需求以及产业发展目标，分析影响产业目标实现的技术（包括工艺）壁垒，核心工作是从现存的技术壁垒中筛选出优先要解决的关键问题。通过对这些技术壁垒的突破，带动整个产业链的技术升级，实现产业目标。河北省板栗产业技术壁垒关键问题分析，如表10-4所示。

表10-4　河北省板栗产业技术壁垒关键问题分析

序号	关键技术领域	问题描述	组织研发主体	技术发展模式
1	品种	具有重大应用前景和自主知识产权的突破性优良品种的培育	科研院所、高校	自主研发
2	栽培	高产、高效、可持续栽培技术的研究配套集成及示范推广	科研院所、高校、企业	自主研发
3	新品种示范推广	加强品种区域性试验、示范基地建设	科研院所、高校、企业	自主研发
4	病虫害防治，测报网络建设	建立板栗病虫害预警监测体系，主要病虫害控制在经济阈值以内，实现栗田病虫害可持续控制	科研院所、高校、政府、企业	自主研发
5	废弃物利用	板栗花、壳、栗蓬的高效利用	科研院所、高校、企业	国内技术合作
6	新型板栗食品	新型板栗食品的开发	科研院所、高校、企业	国内技术合作
7	板栗生产及加工设施	板栗生产及加工设施设备的研发应用及知识产权保护	科研院所、高校、企业	自主研发、国内技术合作
8	板栗质量标准、检测	板栗质量标准与高效检测技术	科研院所、高校、政府、企业	自主研发
9	营销网络拓展	功能齐全、技术服务到位的营销网络构建	企业、政府	自主研发
10	板栗知识产权保护	完善板栗知识产权保护等法律制度，加大知识产权保护力度	政府	自主研发
11	板栗科研人才培养	建立有利于调动板栗相关人才积极性的评价体系和激励机制，促进科研人才向企业流动	科研院所、高校、企业、政府	自主研发
12	板栗全产业链交流、合作	加强现代生物技术、板栗营销管理、生产标准化等方面的国内、国际交流与合作，与国外科研机构共建推广示范基地，开拓国外市场	科研院所、高校、企业、政府	自主研发、国内技术合作

10.4 研发需求分析

研发需求是在总结市场需求分析、产业目标分析和技术壁垒分析三个阶段所提出的问题基础上，确定突破产业技术壁垒和关键技术难点的研发需求，找到现实与目标的差距，清晰需要培养和提升的关键能力，确定研发需求和组织研发主体之间的关系以及技术研发模式。

10.4.1 板栗种质资源创新与新品种选育

种质资源是育种工作的基础，是产业提升的关键，加快板栗种质资源调查收集，加强种质资源库建设，实行良种化。针对栽培品种杂乱，良种规模化程度低的问题，主要开展以下两方面工作。

（1）板栗优异种质资源挖掘与创新利用

以板栗种植区域的海拔、气候、土壤为基础，通过广泛的种质资源调查、收集与保存，挖掘优异种质资源，开展主要性状的形态学、生理学和分子生物学评价，以确定质优、抗病虫的品种为主栽品种，重点种植县市或更大地域范围形成主栽品种，构建燕山板栗核心种质。

利用高通量测序方法构建燕山板栗指纹图谱，解决生产上同名异物和异物同名的情况，加强品种鉴别、古树保护，促进产业的良性可持续发展，同时开发相应的分子标记，进行分子标记辅助育种。

通过实生选种、诱变育种和分子育种等方式创新种质资源，创新育种技术，选育优质、丰产、抗逆板栗新品种；对于可以成为新品种的优异种质资源，组织开展品种比较试验，并研究其配套栽培技术，按有关要求申请植物新品种权，开展新品种（系）中试与示范，申请品种审定。

（2）板栗优质高产杂交新品种选育

以优质为核心目标，通过品种间杂交、地理远缘杂交、种间远缘杂交选育优质高产杂交新品种。优质的目标性状：外观个大、色艳、壳薄；内部香、甜、糯、涩皮易剥。高产的目标性状：比现有主栽生产品种增产10%左右。兼顾的性状：抗性（抗病、抗旱、抗寒）、适应力强。结合杂交育种，开展缩短育种周期研究、早期预先选择研究、主要经济性状遗传规律研究、通过分子生物学手段开展高密度遗传图谱构建及主要经济性状基因定位。

10.4.2 板栗高产高效栽培技术研究与示范

针对河北省栗园后期郁闭严重、栽培管理粗放、产量低、效益差的现状，主要应开展以下三方面的工作。

（1）板栗高产高效栽培原理研究

主要从以下四个方面开展研究，为高产高效栽培管理提供理论依据和理论支撑，即板栗花芽分化机理与调控技术研究、板栗品质规律形成机制及调控研究、板栗栽培生理与高产栽培技术研究、板栗抗旱性综合评价及抗旱机制研究。

（2）板栗高产高效栽培模式与技术研究

重新建园开始，系统开展板栗高产高效栽培模式与技术研究，包括育苗、建园、栽培密度、树形比较及管理技术规范等，建立板栗高标准栽培科技示范园，引领板栗产业高质量发展。

（3）板栗省力化管理技术研究与示范

开展适于省力化栽培管理的板栗新品种（系）选育及比较试验，对表现优异的新优系，申请新品种权保护和品种审定。

深入研究"抓大放小"修剪技术：从劳动效率、光合效率、分配效率三个角度，研究"抓大放小"增产机理和实际效果。

10.4.3 板栗重要病害防治关键技术研究与示范

病虫害问题是制约板栗产业发展的关键因素。针对板栗"内腐病"和"小叶病"在燕山地区主要板栗产区逐渐蔓延的趋势，主要应开展以下三方面的工作。

（1）板栗内腐病防控技术研究与应用

开展板栗"内腐病"主要致病菌鉴定及发病条件研究，板栗"内腐病"防控关键技术研究与示范。

（2）板栗黄化皱缩病防控技术研究与应用

开展板栗"小叶病"流行蔓延监测及防控技术研究，建立综合防控科技示范基地。

（3）板栗新发病害监测与防控技术研究

针对新发枝干病害，开展病原鉴定、为害情况及防治技术研究，为防治新发病害提供技术支撑。

10.4.4 板栗贮藏加工关键技术研究与应用

板栗采收后的贮藏和加工是实现产业价值链提升的关键。针对贮藏过程中易出现的腐烂、发芽、失重等现象，针对板栗加工主要为初加工，产品转化率低的问题，主要应开展以下五方面的工作。

（1）板栗香气形成机制与（加工）调控技术

研究板栗加工过程中的香气变化，探明化合物形成过程及变化规律，建立香气质量控制模型并进行应用；开发板栗味香精。

（2）板栗低温贮藏条件下淀粉代谢机制研究

开展板栗长期低温贮藏期间淀粉转化为小分子糖的代谢机制研究，探明板栗贮藏期间甜糯品质变化与淀粉转化间的相关性研究。

（3）板栗抗性淀粉绿色提取工艺研究与产品开发

通过理化方法优化板栗抗性淀粉的制备提取技术，开展板栗抗性淀粉的理化和功能特性研究，开发抗性淀粉食品。

（4）板栗加工关键技术研究与新产品开发

开展板栗营养平衡食品开发与关键技术研究，开发营养平衡板栗食品；开展板栗泥、板栗糕等休闲食品关键技术研究及产品开发。

（5）板栗生物转化食品关键技术研究与应用

解析酿造过程中微生物菌群与板栗米酒风味品质关系；通过板栗原料生物转化适用性分析，研究生物转化发酵剂复配以及生物转化原辅料的营养平衡分析与调控，并综合运用生物转化温度、时间调控等关键技术开发板栗生物转化高质化产品。

10.4.5 板栗功能活性成分研究及综合利用

板栗营养物质丰富，富含淀粉、多糖、蛋白质、脂肪、多种维生素和微量元素，开发高附加值的保健品或保健食品，提高加工转化率，主要应开展以下两方面工作。

（1）板栗仁活性功能成分研究及产品开发

开展板栗活性功能成分提取方法和工艺优化研究；探明板栗活性成分抗癌、抗氧化等生理活性功能及其结构；研究板栗活性功能成分结构与活性的功效关系；开展基于活性功能成分的种质资源评价及优异种质挖掘；基于活性功能成分的精深加工产品研发，为功能食品开发、功能新品种选育提供理论支撑。

（2）板栗废弃物活性功能成分研究及产品开发

开展栗叶、栗花、栗壳、栗苞中活性功能成分提取方法研究及主要活性物质的含量分析；研究栗叶、栗花、栗壳、栗苞中主要活性物质的结构及活性功能；开发栗花、栗壳、栗苞等加工新产品。

10.4.6 板栗林下经济模式研究

开展栗蘑、中药材等林下经济的示范与推广；研究林药、林菌、林蜂、林菜、林禽等林下经济模式。主要包括以下四方面工作。

（1）板栗林下高效复合经营植物选择与栽培模式

根据板栗主要种植区特征，从林下植物材料的选择、土壤养分变化趋势、经济效益等角度多元分析，评价主要复合种植模式的可行性和先进性，由此明确适宜特定区域发展的高效复合种植模式。

（2）板栗复合经营模式配套关键技术

选择土层深厚缓坡板栗林套种经济植物，采用密度调整、整形修剪、反坡式带状整地、科学垦抚、合理施肥、蓄水灌溉、病虫害防控等配套措施。

（3）板栗林地力维护、保持水土生态保育技术

在陡坡、梯沿、坎沿、林缘等生态脆弱地块种植水土保持带，采用反坡式带状整地、截水蓄水、带沿留灌草等板栗林地力维护、保持水土等措施，提高林地蓄水持水能力，改善土壤养分与理化特性。

（4）建立林下经济试验示范基地与推广

在板栗主产区低丘缓坡地，建立板栗生态保育与高效复合经营示范基地，

开展技术培训与推广，树立示范村、示范户，以示范带动林下经济模式推广。

10.5 板栗产业技术创新关键问题与创新路线描述

板栗产业技术创新涉及科研难度大，资金投入大、利润回收期长，导致相关研发环节风险较大，因此应通过政府投入、科研院所和高校联合攻关来完成。更多与市场密切相关的环节，应以企业为主体，根据市场需求及动态变化适时调整。具体如表10-5所示。

表10-5　河北省板栗产业技术创新关键问题与研发模式

序号	关键问题描述	组织研发主体	技术发展模式
1	具有重大应用前景和自主知识产权的突破性优良品种的培育	科研院所、高校	自主研发
2	高产、高效、可持续栽培技术的研究配套集成及示范推广	科研院所、高校、企业	自主研发
3	加强品种区域性试验、示范基地建设	科研院所、高校、企业	自主研发
4	板栗花、壳、栗蓬的高效利用	科研院所、高校、企业	国内技术合作
5	新型板栗食品的开发	科研院所、高校、企业	国内技术合作
6	板栗生产及加工设施设备的研发应用及知	科研院所、高校、企业	自主研发
7	栗子质量标准与高效检测技术	科研院所、高校、政府、企业	自主研发
8	功能齐全、技术服务到位的营销网络构建	企业	自主研发
9	完善板栗知识产权保护等法律制度，加大知识产权保护力度	政府	自主研发
10	建立有利于调动板栗相关人才积极性的评价体系和激励机制，促进科研人才向企业流动	政府	自主研发
11	加强现代生物技术、板栗营销管理、生产标准化等方面的国内、国际交流与合作，与国外科研机构共建推广示范基地，开拓国外市场	科研院所、高校、企业、政府	自主研发、国内技术合作

10.5.1 板栗产业技术创新主体与研发模式

在11个关键问题描述中，组织研发主体包括科研院所、高校、政府、企事业等，技术发展模式具体分为自主研发、国内技术合作等。

10.5.2 板栗产业技术创新路线描述

通过板栗产业技术路线图的制定和应用，鼓励创新网络中利益相关者的合作与交流，激发产业内产学研用各方创新的积极性，提高创新的速度，从而提高板栗产业创新活动的效率，最终提升板栗的产业技术水平。产业技术路线图对产业升级的作用主要表现在：一是有助于产业共同认清所处的经济、社会、环境的变化，识别市场驱动因素；二是能够识别产业技术的优先顺序，评估和执行新技术，提高行业研究和应用新技术的能力；三是促使板栗产业发展中相关各方共同分担成本，加强资源管理，致力于行业共同需求的技术突破；四是促进合作研发，鼓励技术开发成功后的推广。

在了解了产业的市场需求、行业目标和技术壁垒等要素的前提下，合理研究作出河北省板栗产业技术路线图，有助于指导河北省板栗产业按照一个合理、健康、高效的方向发展。基于板栗产业发展现状与存在问题，结合板栗产业技术创新现状，综合考虑产业技术创新发展中的主要任务和全产业附加值提升，笔者构建板栗产业技术创新路线图。如图10-11所示。

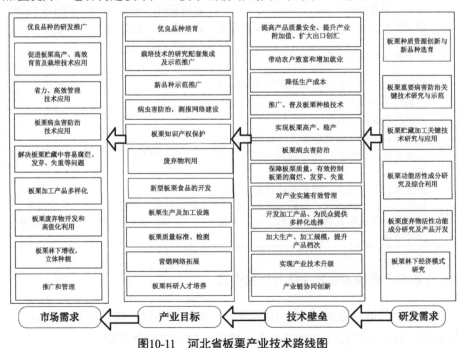

图10-11　河北省板栗产业技术路线图

后　记

　　本书的完成，离不开诸多杰出人士的帮助，在此对他们表示诚挚的谢意。

　　感谢河北科技师范学院板栗产业技术教育部工程研究中心、河北省板栗产业协同创新中心的各位专家，在写作过程中，他们提供了许多帮助、指导。

　　感谢我的研究生郭昕悦，与我一起完成本书的第九章。感谢常学东教授、张京政教授、齐永顺教授、王同坤教授和兴隆县政府，在书的写作、调研中，提供了很多帮助。

　　此外，在本书的写作过程中，查阅、参照了大量的期刊文章、图书作品、哔哩哔哩站视频，从中借鉴了许多对本书有价值的观点。虽然尽量在书中参考文献部分标注了资料来源，但疏忽和遗漏依然不可避免，希望相关文献资料的作者能给予谅解。同时，向所有文献的作者深表谢意！

　　由于本人的学识、水平有限，本书难免存在错误和疏漏，希望得到各位专家、学者的批评和指正。

邱凤霞

2023 年 10 月

参 考 文 献

[1] 万里，孙劲楠，丁佐奇，等.产学研合作模式下长三角生物医药产业一体化协同创新发展研究：基于专利合作及基金项目合作[J].中国药科大学学报，2022，53（6）：1-17.

[2] 谷斌，赵雪琦.基于专利位序：规模的区域技术创新能力测度[J].科研管理，2022，43（11）：172-181.

[3] 孙惠娜，张丽娜，范佳慧.基于专利分析的甘肃省重点优势产业技术创新发展研究[J].科技管理研究，2022，42（21）：159-167.

[4] 赵璞，林文，姜天润，等.基于专利分析的我国太阳能光伏领域核心技术识别及演化研究[J].科技管理研究，2022，42（2）：184-191.

[5] 林卓，王丽丽，林甫.我国各区域专利资源分布时空演变分析[J].情报科学，2018，36（10）：164-170.

[6] 李忠义，韦彩会，何铁光，等.基于学科知识图谱的紫云英研究态势分析[J].中国农机化学报，2020，41（7）：207-214.

[7] 高云峰，徐友宁，祝雅轩，等.矿山生态环境修复研究热点与前沿分析：基于VOSviewer和CiteSpace的大数据可视化研究[J].地质通报，2018，37（12）：2144-2153.

[8] 李杰.SafetyⅡ学术思想的科学传播研究[J].中国安全生产科学技术，2022，18（11）：223-228.

[9] 李杰，李生才，甘强，等.2018—2020年全球安全科学研究态势[J].安全与环境学报，2022，22（5）：2908-2917.

[10] 李杰，魏瑞斌. VOSviewer应用现状及其知识基础研究[J]. 农业图书情报学报，2022，34（6）：61-71.

[11] 李杰，伊宏艳，李乃文. 我国事故致因研究团队与热点主题研究[J]. 中国安全科学学报，2022，32（7）：20-27.

[12] 李杰，刘娇，梁绪树，等.《中国安全科学学报》30年的整体画像[J]. 中国安全科学学报，2022，32（3）：9-17.

[13] 李杰. Citespace：科技文本挖掘及可视化[M]. 北京：首都经济贸易大学出版社，2017.

[14] 李杰. 元宇宙的科学计量分析[J]. 科学观察，2022，17（1）：17-29.

[15] 李杰. 中国新冠安全、风险、灾害与危机的研究态势[J]. 科学观察，2022，17（3）：15-22.

[16] 范柏乃. 城市技术创新透视：国家技术创新研究的一个新视角[M]. 北京：机械工业出版社，2004.

[17] 赵玉华，张启超，吴家秀，等. 九种燕山板栗中酚类物质的差异性分析[J]. 东南园艺，2022，10（4）：258-265.

[18] 赵玉华，赵丽男，吴家秀，等. 燕山板栗种皮、种仁的抗氧化性分析[J]. 河北果树，2022（3）：7-10.

[19] 张娜娜，温晓蕾，李双民，等. 三种镰刀菌引起的板栗内腐病病原菌鉴定[J]. 中国农业科技导报，2022，24（7）：117-122.

[20] 齐慧霞，李双民，孙伟明，等. 板栗黄化皱缩病在冀东北地区的发病情况及防控对策[J]. 河北果树，2022（2）：50-52.

[21] 李婧实，周丽艳，睢金凯，等. 板栗组织培养及褐变研究[J]. 河北农业，2022（3）：88-89.

[22] 扈莹红，陈晓慧，常学东，等. 酒曲中乳酸菌的筛选及其在板栗糯米饮料发酵中的应用[J]. 食品工业科技，2022，43（5）：138-146.

[23] 樊晓芸，郭素娟，李艳华. 不同生态区域板栗品质差异性分析及气候适应性评价[J]. 北京林业大学学报，2022，44（11）：20-30.

[24] 崔艳红，李玲，白倩，等. 板栗Hsp90基因家族的鉴定及在胚珠发育过程中的表达分析[J]. 北京林业大学学报，2022，44（11）：10-19.

[25] 刘松，聂兴华，李伊然，等. 基于SSR荧光标记构建板栗品种（系）核心种质群[J].果树学报，2023，40（2）：230-241.

[26] 王芳芳，郭素娟，廖逸宁，等. 覆草：施肥模式对板栗叶片功能性状与果实产量品质的影响[J]. 北京林业大学学报，2022，44（4）：36-46.

[27] 于文杰，楚天舒，宋丽，等. 板栗愈伤组织瞬时转化体系的优化与应用[J]. 西北植物学报，2022，42（1）：154-161.

[28] iemann H，Moehrle M G，Frischkorn J. Use of a New Patent Text-Mining and Visualization Method for Identifying Patenting Patterns Over Time：Concept，Method and Test Application [J]. Technological Forecasting and Social Change，2017（115）：210-220.

[29] hoi J，Twang Y S. Patent Keyword Network Analysis for Improving Technology Development Efficiency[J].Technological Forecasting and Social Change，2014（83）：170-182.

[30] Yo on B，Park Y. A Text-mining-based Patent Network：Analytical Tool for High-Technology Trend[J]. The Journal of High Technology Management Research，2004,15（1）：37-50.

[31] Abbas A，Z hang L，Khan S U. A Literature Review on the state-of-the-art in Patent Analysis[J]. World Patent Information,2014（37）：3-13.

[32] Song K，Kim K S，Lee S. Discovering New Technology Opportunities Based on Patents：Text-mining and F-term Analysis[J]. Technovation，2017（60）：1-14.

[33] Sun H，G eng Y，Hu L，et al. Measuring China's New Energy Vehicle Patents：A Social Network Analysis Approach[J]. Energy，2018（153）：685-693.

[34] Moussa B，Varsakelis N C.International Patenting：An Application of Network Analysis[J]. The Journal of Economic Asymmetries，2017（15）：48-55.

[35] Kayser V，Blind，Knut. Extending The Knowledge Base of Foresight：The Contribution of Text Mining[J]. Technological Forecasting＆Social Change，

2017（116）：208-215.

[36] Bo W，Zhaohua W. Heterogeneity. Evaluation of China's Provincial Energy Technology Based on Large-Scale Technical Text Data Mining[J]. Journal Of Cleaner Production，2018（202）：946-958.

[37] Linares I，Paulo A，Porto G S. Patent-Based Network Analysis to Understand TechnologicalInnovation Pathways and Trends[J].Technology in Society，2019，59（10）：134-140.

[38] Breisch，H. Chestnut Industry in France[J]. Acta Horticulturae，2008，3（784）：31-35.

[39] Gold，Cernusca,. Chestnut Producers[J]. Agricola Hort Technology，2006，16（2）：360-369.

[40] Berdysheva，S. and S. Ikonnikova.The Energy Transition and Shifts in Fossil Fuel Use：The Study of International Energy Trade and Energy Security Dynamics[J]. Energies，2021. 14（17）：53-96.

[41] Hoan,T.Q.,D.V.Chung and N.H. Hoang. Taiwan–ASEAN Trade Relations：Trade Structure and Trade in Value Added[J]. China Report，2019.55（2）：102-124.

[42] 桂钦昌，杜德斌，刘承良. 全球科学知识生产的时空格局及影响因素[J]. 地理科学，2023（6）：1-10.

[43] 王怀豫，肖尧，李奕辰，等. "一带一路"建设背景下中国与东盟国家农业科技合作的选择机制[J]. 科技管理研究，2022，42（16）：35-44.

[44] 刘功奇. "一带一路"视域下中非科技合作的历史演进与实践进路[J]. 湘潭大学学报（哲学社会科学版），2022，46（5）：28-33.

[45] 王雯婧，曾静婷. 东盟重点研究学科、产业政策分析及对中国国际科技合作的启示[J]. 科学管理研究，2020，38（5）：168-174.

[46] 姜颖，梁桂阁. "一带一路"国际合作研究态势：基于2013—2021年WOS数据的文献计量分析[J]. 北京交通大学学报（社会科学版），2022，21（4）：150-158.

[47] 徐红姣，何彦青. 主题粒度的潜在国际科技合作识别方法研究：以中俄为

例[J]. 情报科学，2023，41（5）：138-143.

[48] 高洁，刘立. 中欧科技合作路径的演化及展望[J]. 中国科技论坛，2017，254（6）：178-184.

[49] 王小菲，余荔. 粤港澳大湾区教育科研生产力与合作状况对标分析[J]. 中国高校科技，2022，407（7）：8-13.

[50] 王碧斌，陈晟颖，王劲飞. 国际科技创新合作指数构建与应用：以浙江省为例[J]. 科技管理研究，2023，43（8）：103-111.

[51] 郭凤志. 广东：独联体国际科技合作联盟：广东国际技术转移和科技创新的生力军[J]. 金卡工程，2017，241（4）：11-12.

[52] 王瑞良，肖奎喜. "一带一路"倡议下广东：东盟科技合作圈建设研究[J]. 东莞理工学院学报，2016，23（6）：51-55，91.

[53] 蔡妮，代睿. 云南参与和融入"一带一路"国际合作的新举措研究[J]. 中国集体经济，2021，688（32）：11-12.

[54] 贠涛，巩玥，方慈，等. 青岛市科技创新国际合作态势分析及建议：以科研文献及专利数据为中心[J]. 全球城市研究（中英文），2022，3（2）：148-159，193.

[55] 王婷，谭宗颖，张家元，等. 国外重要社会科技奖励提升影响力的经验借鉴及启示[J]. 科学管理研究，2016，34（6）：105-108.

[56] 丁洁兰，沈哲思，刘小慧，等. 化学十年：中国与世界：基于WoS论文的文献计量分析[J]. 科学观察，2023，18（3）：14-36.

[57] 岳婷，施筱勇，丁洁兰，等. 生物学十年：中国与世界：基于2004—2013年WoS论文的文献计量分析[J]. 科学观察，2017，12（6）：9-32.

[58] 任胜利，胡素芳，刘亚辉，等. 2000—2021年我国地球化学研究论文的产出与影响：基于SCI数据库的统计分析[J]. 岩石学报，2023，39（1）：249-262.

[59] 谭宗颖，龚旭，刘小玲，等. 材料科学十年：中国与世界：基于2004—2013年WoS论文的文献计量分析[J]. 科学观察，2017，12（3）：1-23.

[60] 郑江平，傅天珍，叶兴乾，等. 食品科学领域国际合作论文的文献计量分析[J]. 中国食品学报，2019，19（7）：311-318.

[61] 徐家天泽，程如烟，姜桂兴. 基于合著论文的中国高水平国际合作发展趋势研究：以人工智能领域为例[J]. 中国科技论坛，2022，314（6）：84-89.

[62] 杨辰，王楚涵，方锦源，等. 我国图书情报学国际科研合作研究：以中国一流大学建设高校为例[J]. 现代情报，2021，41（11）：140-149.

[63] 柴倩倩，丁陈君，宋琪，等. COMSATS成员国工业生物技术发展现状分析及合作建议[J]. 中国生物工程杂志，2023，43（5）：118-128.

[64] 曹媛媛，余桐，朱军文. 高校在我国国际科技合作中的角色及其演变趋势：基于近10年间8个工业国家的比较分析[J]. 中国高校科技，2022，406（6）：13-19.

[65] 王淑强，青秀玲，王晶，等. 基于文献计量方法的国际地理科学研究机构竞争力分析[J]. 地理学报，2017，72（9）：1702-1716.

[66] 解志韬，李艳. "一流大学"与香港高校科技合作态势分析：基于论文合著的研究视角[J]. 江苏高教，2020，228（2）：30-35.

[67] 叶伟萍，梁文艳，胡咏梅. C9大学离世界一流大学有多远：分学科的国际合作比较[J]. 教育研究，2017，38（3）：53-66.

[68] 严冬，石琨，冯雪，等. 全球新格局下农业科研院所的国际合作发展探讨：以北京某市级农业研究所为例[J]. 农业科技管理，2022，41（4）：43-46.

[69] 卢嘉，张笑晨，董一威. 加强国际合作与交流 增强食品科学创新发展动力：以中国农业科学院农产品加工研究所为例[J]. 农业科技管理，2023，42（3）：37-41.

[70] 但琼洁. 不同计数方法在国际合作论文中分析机构贡献度的应用[J]. 情报工程，2021，7（3）：32-40.

[71] 杨珪. 科研国际合作与一流大学建设：对四川大学国际合作论文数据的统计分析[J]. 成都大学学报（社会科学版），2020，187（1）：112-120.

[72] 张萃，冯雄金. 城市间科研合作网络结构特性与生成研究[J]. 中国科技论坛，2023，321（1）：119-129.

[73] 林歌歌，侯海燕，王亚杰，等. 基于合作率与主导性视角的中国国际科研合作地位变迁研究[J]. 信息资源管理学报，2023，13（2）：108-124.

[74] 任孝平，杨云，周小林，等. 我国国际科技合作政策演进研究及对新时期政策布局的思考[J]. 中国科学院院刊，2020，35（5）：611-619.

[75] 吴淼，乔建芳，张元明，等. 咸海生态治理：深化与中亚科技合作的重要路径[J]. 中国科学院院刊，2023，38（6）：917-931.

[76] Wang L L，Wang X W，Philipsen N J. Network structure of scientific collaborations between China and the EU member statcs[J]. Scientometrics，2017，113（2）：765-781.

[77] Adams J，Gurney K，Hook D，et al. International collaboration clusters in Africa[J]. Scientometrics，2014，98（1）：547-556.

[78] Avdeev S. International collaboration in higher education research： A gravity model approach[J]. Scientometrics，2021，126（7）：5569-5588.

[79] Carvalho D S，Felipe L L，Albuquerque P C，et al. Leadership and international collaboration on COVID-19 research： reducing the North–South divide?[J]. Scientometrics，2023，128（8）：4689-4705.

[80] Chen H，Song X，Jin Q，et al. Network dynamics in university-industry collaboration： a collaboration-knowledge dual-layer network perspective[J]. Scientometrics，2022，127（11）：6637-6660.

[81] Finardi U. Scientific collaboration between BRICS countries[J]. Scientometrics，2015，102（2）：1139-1166.

[82] Pohl H. Collaboration with countries with rapidly growing research：supporting proactive development of international research collaboration[J]. Scientometrics，2020，122（1）：287-307.

[83] Rohe K，Qin T，Yu B. Co-clustering directed graphs to discover asymmetries and directional communities[J]. Proceedings of the National Academy of Sciences，2016，113（45）：12679-12684.

[84] Soehartono A M，Yu L G，Khor K A. Essential signals in publication trends and collaboration patterns in global Research Integrity and Research Ethics （RIRE）[J]. Scientometrics，2022，127（12）：7487-7497.

[85] 郜付敏. 基于神经网络模型的迁西板栗市场价格分析与预测[D].保定：河

北大学，2020.

[86] 瞿临风.罗田县板栗产业发展问题研究[D]. 武汉：武汉轻工大学，2022.

[87] 于婷娟，王慧卿，白瑞娟等.山东地区不同品种板栗品质研究[J].山东林业科技，2014，44（4）：5-11.

[88] 吕永来.2013年全国各省（区、市）核桃、板栗、枣、柿子产量完成情况分析[J].中国林业产业，2014（12）：34-36.

[89] 王威.种植户视角下青龙县板栗产业发展研究[D].长春：吉林农业大学.

[90] 李天祥，刘星宇，王容博等.2000—2019年全球猪肉贸易格局演变及其对中国的启示：基于复杂贸易网络分析视角[J].自然资源学报，2021，36（6）：1557-1572.

[91] 王妍，范爱军.全球高端制造业国内增加值贸易网络及其影响因素研究[J].亚太经济，2022（4）：43-53.

[92] 爽，闫欢.世界油料贸易网络演化特征及其影响因素[J].热带地理，2022，42（8）：1241-1252.

[93] 邱凤霞. 基于社会网络的海洋经济创新系统分析[D].天津：河北工业大学，2015.

[94] 马慧萍.2010—2019年国内图书馆科学数据共享研究综述[J].图书馆学研究，2020（8）：19-26.

[95] 朱珍.国内图书馆智慧服务研究综述[J].图书馆工作与研究，2020（6）：62-68.

[96] 韦青青，邓宏宝.十年历程：我国工匠精神研究的回顾与展望：基于CiteSpace的可视化分析[J].武汉交通职业学院学报，2022，24（4）：92-100.

[97] 汪小飞，张家伟，刘铁宁，等.小麦抗倒伏研究动态追踪：基于WoS和CNKI数据库的文献计量分析[J].中国农学通报，2022，38（5）：132-142.

[98] 薛雷，戴大双.基于知识图谱的产品质量研究可视化分析[J].大连海事大学学报（社会科学版），2020，19（2）：65-71.

[99] 刘凤朝，马荣康，姜楠.基于"985高校"的产学研专利合作网络演化路径研究[J].中国软科学，2011（7）：178-192.

[100] 宋彩红."谁"研究高等教育[D].南昌：南昌大学，2022.

[101] 张鑫，王吉，胡静荣，等.基于CiteSpace和文献计量分析平台的鱼糜研究可视化分析[J].食品科学，2023，44（1）：362-370.

[102] 钱丰，张春彦，赵乐尧.基于CiteSpace的国内景观评估研究合作网络、热点与前沿趋势探究[J].天津大学学报（社会科学版），2023，25（1）：57-63.

[103] 蒋明敏，胡泽文.国家治理领域的研究热点演变与科研合作态势分析[J].贵州社会科学，2020（11）：115-126.

[104] 刘凤朝，张娜，孙玉涛，等.基于优先连接的纳米技术合作网络演化研究[J].管理评论，2016，28（2）：74-83.

[105] 赵英，刘任烨，田蜜，等.智慧养老研究的现状及发展趋势分析：基于文献计量和知识图谱[J].山东财经大学学报，2017，29（2）：107-117.

[106] 马雅莉，郭素娟.板栗冠层光合特性的空间异质性研究[J].北京林业大学学报，2020，42（10）：71-83.

[107] 窦春蕊，马秋明，温晓平，等.2012—2014年F5000农业科学类论文资助基金研究[J].中国科技期刊研究，2016，27（8）：831-837.

[108] 吕晓赞.文献计量学视角下跨学科研究的知识生产模式研究[D].杭州：浙江大学，2021.

[109] 朱梦卓，赵俊杰.基于SCIE收录论文的中日基因编辑技术领域国际合作比较[J].中华医学图书情报杂志，2019，28（3）：32-41.

[110] 马吉宇. 基于链路预测模型的国际铜资源潜在贸易关系研究[D]. 北京：中国地质大学（北京），2018.

[111] 张波，王金平.微藻生物柴油研究文献计量分析[J].世界科技研究与发展，2015，37（3）：264-270.

[112] 任玚，王贝贝，黄祖辉.40年来慈善组织参与社会救助的研究热点与未来趋势：基于CiteSpace的文献计量分析[J].昆明理工大学学报（社会科学版），2022，22（6）：74-82.

[113] 白云朴，李果.科学数据共享研究的演化路径分析[J].情报杂志，2022，41（8）：138-148.

[114] 杨芳，赵功强，李学.基于SCI论文的宁夏基础科学研究发展态势监测评价[J].宁夏大学学报（自然科学版），2018，39（3）：274-282.

[115] 王旭萍，刘世明.2006—2015年高原医学基金论文的文献计量学分析[J].预防医学情报杂志，2017，33（10）：1054-1060.

[116] 邱凤霞，杨阳.海洋创新区域合作网络演化分析[J].经济研究导刊，2014（9）：91-93.

[117] 张祥龙，权冰艳，王知松，等.基于专利文献的食醋专利可视化分析[J].中国酿造，2021，40（5）：210-216.

[118] 岳冬冬，朱珠，曹炳忠，等.江苏河蟹产业科技创新发展现状与趋势研究[J].渔业研究，2022，44（1）：84-99.

[119] 周明欣，桂琳.京津冀板栗出口现状及发展趋势[J].农业展望，2020，16（12）：135-138，146.

[120] 齐燕，高东平，杨渊.我国医药专利70年发展态势分析[J].医学信息学杂志，2019，40（10）：19-24.

[121] 雷昌菊，雷昌全，唐山.江西省林业科学院专利发展分析[J].科技广场，2021（4）：84-96.

[122] 郭昕悦.基于专利的河北省板栗产业技术创新研究[D].秦皇岛：河北科技师范学院，2022.

[123] 郁小华.罗田县板栗产业化发展研究[D].武汉：华中师范大学，2014.

[124] 卜远芳.基于专利信息分析的我国4G移动通信技术发展研究[D].洛阳：河南科技大学，2016.

[125] 王同坤.燕山板栗产业发展现状与对策分析[D].咸阳：西北农林科技大学，2008.